# 公文書危機

## 闇に葬られた記録

毎日新聞取材班［著］

毎日新聞出版

# 公文書危機　闇に葬られた記録《目次》

本書は、毎日新聞に連載された「公文書クライシス」をもとにしている。
登場する人物の年齢や肩書は、原則として掲載時のままとした。

# 公文書危機

闇に葬られた記録

# 序章　霞が関の常識

　この国の権力の中枢である首相官邸は、東京・永田町の高台にある。

　緊張したおももちの高級官僚たちが入れ代わり立ち代わりやってくる。首相や官房長官らと面談し、指示をもらうと、坂の下に広がる官庁街に足早に帰っていく。

　官僚たちのあとを追って、官邸前の茱萸《ぐみ》坂をくだると、無機質なビル群が見えてくる。数万人の官僚たちが働く「霞が関」と呼ばれる官庁街だ。さらにくだって街の中心部にさしかかると、背の低い灰色の建物の前に出る。戦時中につくられたもので、地味ながら歴史と風格を感じさせる。これが最強の官庁とうたわれる財務省だ。

　官僚の世界は階級社会といわれる。東大などを出て最難関の公務員試験を突破した数パーセントのキャリア官僚が、配下のノンキャリア職員を指揮し、業務をとりしきっている。キャリア官僚のなかでも財務官僚は一目おかれる存在だ。

「財務省の力の源泉を知っていますか？」

ある省のキャリア官僚からこんな質問をされたことがある。

財務官僚は公務員試験の成績上位者ばかりで結束力も強い。省庁の予算を査定するから財布のひもを握っている。しかも、国税庁という「税の捜査機関」をしたがえて政財界ににらみをきかせている。霞が関の常識だ。そう答えると、その官僚はクビをふった。

「ちがいます。答えは、記録なのです」

のみ込みの悪いわたしに、その官僚は続けた。

「霞が関は何ごとも前例にもとづいて動きます。わたしたち官僚は入省直後に前例主義をたたきこまれます。若いころに教育のひとつとして庁舎内にある書庫で前例を調べさせられたりもします。だから、小さなことでもちゃんと記録してそれを残しておくということが官僚の体にはしみついているのです」

言われてみれば、取材で見かける官僚たちはいつもメモをとっている。

「でも、財務官僚の記録へのこだわりはすごいのです。ある政策がやりたくて財務省と予算の折衝《せっしょう》をしたときのことです。こちらは同じ政策に予算がついた前例があるのを根拠に要求しました。ところが、財務省は30年も前の資料をひっぱり出してきて、わたしたちが前例と言った予算措置《そち》がどれほど特殊なケースだったかをまるで昨日のことのようにくわしく説明し始めたのです。そして前例にならないというわけです。あっという間に論破されました。あれにはびっくりしました」

2018年、その財務官僚たちが公文書を改ざんしていたことが発覚した。

学校法人「森友学園」の問題にからんでのことだった。財務省は大阪府内で小学校の設立を目指していた学園に対し、学校を建設するための国有地を8億円も値引きして売りわたしていた。小学校の名誉校長は、安倍晋三首相の妻昭恵氏だった。野党は学園が首相夫人と親密だったため値引きしたのだろうと追及する。これに対して、安倍首相は国会の議場でこう豪語《ごうご》した。

「わたしや妻が関係していたということになれば、まちがいなく総理大臣も国会議員もやめる」

この直後、売りわたしの経緯が記録された公文書の改ざんが始まった。

公文書の多くは大阪市にある出先の近畿財務局が保管していた。学園との売却交渉や手続きを現場で担当していたからだった。霞が関にいるキャリア官僚たちは、その近畿財務局に指示を出し、公文書から昭恵夫人や政治家の関与を疑わせる記述を削除させたのだった。

改ざんの作業を強いられた近畿財務局のノンキャリア職員、赤木俊夫氏はそのときの様子を手記に書き残していた。

「元は、すべて、佐川（宣寿《のぶひさ》）理財局長の指示です」

「野党に資料を示した際、学園に厚遇したと取られる疑いの箇所はすべて修正するよう指示があったと聞きました」

「修正作業の指示が複数回あり現場として私はこれに相当抵抗しました」

佐川氏は東大卒のキャリア官僚。理財局長は財務省の大幹部だ。現場の職員の抵抗など聞き入れられなかった。赤木氏の手記にはこうある。

「本省からの出向組のA次長は、『元の調書が書き過ぎているんだよ』と調書の修正を悪いこととも思わず、本省B補佐の指示に従い、あっけらかんと修正作業を行い、差し替えを行ったのです」

「役所の中の役所と言われる財務省でこんなことがぬけぬけと行われる」

「本省がすべて責任を負うべき事案ですが、最後は逃げて、近畿財務局の責任とするのでしょう」

「この事実を知り、抵抗したとはいえ関わった者としての責任をどう取るか、ずっと考えてきました」

赤木氏は良心の呵責《かしゃく》から心を病み、改ざんを実行した罪で逮捕されるのではないかとおびえるようになる。ノートにはこんな走り書きも残っていた。

「最後は下部がしっぽを切られる」

「なんて世の中だ」

「手がふるえる、恐い」

「命　大切な命　終止符」

赤木氏はメッセージを書いた直後の18年3月7日、自ら命を絶った。

官庁のなかで最も記録を大事にしてきたはずの財務省が改ざんに手を染め、職員に死者まで出した。にもかかわらず、霞が関のなかでその教訓は生かされず、公文書をめぐる問題や不祥事が今も相次いでいる。

首相官邸を頂点とする巨大な官僚組織のなかで何が起きているのか。

本書は、毎日新聞のキャンペーン報道「公文書クライシス」の取材班の記者が、その実態に迫ったリポートである。

# 第一章　不都合な記録

春でもないのに、国会は「桜色」に染まっていた。

2020年の年明け早々に始まった国会では、「桜を見る会」をめぐる安倍晋三首相と野党の攻防が繰り広げられていた。

「桜を見る会」は毎年4月、花見の名所「新宿御苑」に各界の功労者をまねいて慰労する国の公式行事。和食や和菓子、日本酒などがふるまわれ、皇族や芸能人らも姿をみせる。そこに、各界の功労者でもない安倍首相の後援者たちが毎年大量に招待されているという疑惑がもちあがったのだ。

しかも、首相の推薦者に、首相夫人の昭恵氏の単なる知人や、悪質なマルチ商法を手広く展開していたとされる人物が含まれていた疑惑まで浮上していた。真相解明の鍵を握るのは、首相推薦者の氏名や肩書、人数がわかる名簿となるが、政府は会が終わった直後に廃棄したとい

「桜を見る会」で招待客たちと記念撮影する安倍晋三首相と昭恵夫人

う不可解な説明に終始していた。廃棄のタイミングが、野党議員から会の関係資料を要求された直後だったことも、火に油をそそぐ。

「首相が公的行事や税金を私物化した」と野党が批判を強めるなか、安倍首相がうんざりした表情を浮かべて議場の発言台に立った。

「繰り返しになりますがね、（安倍）事務所においては、後援会関係者を含め、地域で活躍されているなど、『桜を見る会』への参加にふさわしいと思われる方をはじめ、幅広く声をかけたとのことでありましたが、推薦者名簿はですね、すでに廃棄をしており、詳細は把握《はあく》できないということでございます」

官僚たちも国会質疑や連日のように開かれる野党向けの説明の場でこう繰り返していた。

「名簿は会の終了後、遅滞なく、速やかに廃棄をしている」

「名簿の電子データも、ルールにのっとって廃棄した」

「名簿はすでに廃棄しているので、お答えできる材料はもち合わせていない」


記録がないから答えられない――。安倍政権になってからよく耳にするフレーズだ。

思い出すのは、17年に発覚した「森友問題」だ。

この問題は、昭恵夫人が関係する学校法人「森友学園」に大阪府内の国有地が格安で売却された疑惑のことだ。国有地売却を所管する財務省の佐川宣寿・理財局長が野党議員の追及をこんな答弁でしのいでいた。

「今、委員がご指摘の（森友学園側との）面会記録でございますが、その資料につきましては、事案終了後に処分してございます。電子データにつきましても、保存期間満了になったあと、速やかに処分をしているということでございます」


「桜を見る会」での答弁とまるで同じ。佐川氏が「処分した」と言った面会記録は、翌18年に発覚した財務省の決裁文書改ざんを受けた調査で、あっけなく見つかった。野党が「桜を見る会」の疑惑で追及の手をゆるめないのは、こうした前科があるからだ。

「桜を見る会」をめぐる問題で野党議員たちの質問に答える内閣府などの担当者たち

廃棄された「桜を見る会」の名簿は2種類ある。ひとつは、官邸が首相の推薦者をまとめた「推薦者名簿」。もうひとつは、会を所管する内閣府が官邸と各省庁の「推薦者名簿」を集めてひとつにした「招待者名簿」だ。

ようするに、首相の推薦者のことが書かれている名簿は、官邸の「推薦者名簿」と内閣府の「招待者名簿」となる。官邸も内閣府も、この二つの名簿を、いつでも捨てることのできる「保存期間1年未満」の公文書に設定し、会が終わって用がすんだからすぐに廃棄したというのだった。

だが、官邸以外の「推薦者名簿」の保存期間を調べてみると、ほとんどが1年以上の長期保存の公文書としてあつかわれていることがわかった。首相にかかわる名簿のすばやい廃棄の不自然さがきわ立っていた。

森友問題で「捨てた」とされた面会記録も、この「保存期間1年未満」の公文書に設定されていた。政権にとって都合の悪い記録は、1年未満文書にして捨ててしまう。あるいは捨てたことにする。この構図もよく似ている。

国会での堂々めぐりのやりとりに飽きたわたしは、スマートフォンをとり出して、旧知の官僚Aにメールを送った。

文部科学省の課長級職員。付き合いはもう10年以上になる。当然ながら公文書管理の実務にもくわしい。

落ち合ったのは、東京・築地の魚料理が評判の居酒屋。

Aは生ビールを注文して、メニューに目を落としながら、ぶっきらぼうに言った。

「桜、やってんの？」

察しがいい。こちらが「名簿の件」と言う前に、もう口が動いている。

「あるに決まってんじゃん。絶対にあるよ。名簿の電子データが残っているはず。捨てたのは、きっと共有フォルダーのなかのデータだけ」

共有フォルダーは、省庁のサーバーのなかにある。同じ部署の職員なら自分の公用パソコンから自由にアクセスできる。職場内におかれている書棚のようなものだ。そのデータを消しても残っているとしたら、それは個人用のフォルダーのなかしかない。

「そう。あることがバレたらまずいデータはそこに逃がす。普通ならね」

個人用フォルダーは本人しかアクセスできない。こちらは個人の机の引き出しのなかといったところだ。

だが、どうしてそんなに断定的に言えるのだろう。

「桜は〝マル政〟案件でしょ。官僚としての常識」

〝マル政〟案件とは、政治家がからむ案件のこと。官僚がよく使う隠語のひとつだ。その内容は、政治家からの要望、口利《くちき》き、圧力、有力議員への配慮やそんたくなどさまざま。そうしたことが書かれた文書が流出するとマスコミ、つまり、わたしたちがさわぎ出す。

「だから絶対に表に出さない。名簿が見たいなら、ハッキングでもするしかないんじゃない」

Aは快活に笑った。

※

数日後、某官庁の職員Bに電話を入れる。

わたしが10年ほど前に東京地検特捜部の担当記者をしていたころからの知り合い。政治家がからむ事件やスキャンダルの情報を交換する間柄だ。

「カジノっすか？」

カジノとは、19年12月に秋元司衆院議員がカジノ参入企業から賄賂《わいろ》を受けとった容疑で逮捕された案件。そちらのほうに興味があるのだろう。「桜」と伝えると、「えー、そっち？」と残念そうな声をあげた。だが、すぐにこう返した。

「廃棄された名簿の件ですよね。公務員なら、この手の名簿は残しておきたくなるもんなんです。だって、過去の招待者がわからないと、次の会にどんな人を呼んでいいのかわからないじゃないですか」

確かにそうだ。「たとえばですね」と言ってBが続ける。

「桜を見る会のような毎年ある国の行事の場合、招待者はローテーションで呼ぶんですよ。去年は毎日新聞を呼んだから、今年は読売新聞、来年は朝日新聞という感じで。それで、毎日新聞が2年連続で呼ばれて、ほかの新聞社が呼ばれないとクレームが来たりする。そういうリスクを避けるのがわたしたち官僚の仕事じゃないですか。名簿があれば『過去はこうでしたよ』という言いわけ、じゃないか、説明にも使えるから」

この手の話は、新聞社より政治家のほうがうるさそうだ。

「そう。だから何で1年未満文書にして捨てちゃうのか不思議なんですよねぇ」

国土交通省の職員Cは、いつもは慎重なもの言いだが、「桜」の件では少し様子がちがった。

「正直、信じられないんですよ。わたしも桜を見る会の推薦者選びにたずさわったことがありますから」

「桜を見る会」の目的は「各界の功績、功労者をまねき日ごろの労苦を慰労する」ことだ。省庁も所管業務にかかわる人たちからふさわしい人を選び、内閣府に推薦している。

Cのグラスに焼酎をそそいで、話をうながす。

「わたしどもの省だけではありませんが、各省庁は、地域活動に長年、地道に取り組んでいるような人をかなり真剣に選んで推薦しているんです。桜を見る会の招待状が届くと涙を流すような人もいますよ。そういう人たちには、わたしたちも『おめでとうございます』と心から伝えるようにしています」

ところが、安倍首相や与党議員の後援者が大量にまねかれるようになり、会の本来の目的がかすんでいった。

「本当に功績、功労のある人たちの名前が書かれた名簿は重いんですよ。きちんと管理して、失礼のないように、重複して呼ぶようなことも避けなくてはならない。会が終わればもう用ずみだといってすぐに捨てるなんてとてもできない」

グラスを口に運び、悔しそうに続けた。

「首相の推薦者の名簿をすぐに捨てるというのは、伝統ある『桜を見る会』自体を軽くあつかっているにひとしいわけです。残念なのは、本当の功労者が会に招待されたことを誇りと思えなくなってしまったことですよ」

※

厚生労働省の職員Dは「ありえない」を連発した。

「最近は、公文書のずさんな管理が問題になることが多いでしょ。だから『管理の徹底だ』ということで、『余計な文書は捨てろ、捨てろ』ってうるさく言われるんです。それでも、さすがに桜を見る会の名簿は捨てたらいけないでしょ。ありえないですよ」

Dは焼き鳥をかじって続ける。

「霞が関では今、職員1人当たりの業務量がものすごく増えているんです。忙しくて、書類を一からつくるなんてできない。過去のデータや書類のひな型がないと効率が悪くて業務が回らないですよ。名簿なんてその最たるものでしょ。どう考えても、ありえないんですよ」

さすがは、労働行政を所管する厚労省の職員。

「でもね、名簿はどこかにきっと残っていますよ。桜を見る会のようなマル政案件は、何か問題が生じたときに職員個人のせいにされかねないですから。記録があれば身を守れるかもしれない。なければ身を守る手立てがなくなる。わたしなら絶対に残しますよ。まあ、職員たちに『名簿はありません』と言わせる政権の対応も、ありえませんけど」

❁

東京・竹橋の毎日新聞本社。霞が関に散っていた千葉紀和、岡大介の両記者が戻ってきた。千葉記者は科学に、岡記者は経済に強い。その専門分野を生かし、霞が関に独自の官僚ネットワークを張りめぐらせている。その2人と取材の結果をつき合わせる。

官僚たちはこんな証言もしていた。

「予算が適切か評価するためにも、『桜を見る会』の趣旨に合致している人が来ているのかと

いう検証が必要になる。その根拠となる名簿を捨てたらダメでしょう。廃棄はどう考えてもおかしい」（経済産業省職員）

「自衛隊が地域の人たちを呼んで毎年行うようなイベントですら、招待者名簿は必ず翌年まで残す。職員が異動で代われば、例年どんな人を呼んでいるのかわからなくなり、イベントの継続に支障が出てしまう。『桜を見る会』は首相主催の行事なのに信じられない」（防衛省職員）

「過去のデータを使わずに名簿をつくっているとしたら、よほど頭のいい官僚なのだろう」（厚労省職員）

名簿が1年未満文書にされ、すぐに廃棄されたことに、身内であるはずの官僚たちが口々に疑問の声を上げている。やはり異常なことなのだ。

わたしたちは２０２０年1月20日の朝刊でその声を記事にした。

**桜を見る会　内閣官房と内閣府　名簿保存「1年未満」の怪**

「桜を見る会」に首相や与党などの推薦で招待された人たちの名簿を、内閣官房と内閣府が会の直後に廃棄したとされる問題で、名簿の保存期間を「1年未満」とした両官庁の対応に官僚からも疑問の声が上がっている。名簿には内閣官房を含めた各省庁の「推薦者名簿」と、実際に招待される参加者の「招待者名簿」があるが、両名簿の保存期間を1年未満にしているのは内閣官房と内閣府の一部だけで、不自然さが際立っている――

公文書をめぐる「ありえない」現実。それは、「桜を見る会」の名簿に限った話ではない。わたしがその実態に最初に触れたのは、3年前の春のことだった。

## 闇に消える官僚メール

「公文書の問題で、おもしろい話？　ああ、そういえば、最近、霞が関の官僚の間でベタ打ちメールの報告が増えてるね。これはいずれ問題になるかもしれない」

国家公務員が使う公用電子メールの問題をはじめて知ったのは、17年の春、旧知の文科省の官僚Aとかわしたこんなやりとりからだった。

ベタ打ちメールがどんなメールなのかわたしは知らなかった。

「普通のメールですよ。記者だってメールの画面に文書をそのまま書いて同僚に送るでしょ。画面にベタベタ打ち込むからベタ打ちメール」

それがどうして問題になるのだろうか。

「わからない？　飲み会の連絡とかどうでもいいメールも多いんだけど、大事なことも書かれるようになっているからね」

たとえば？

「言いづらいけど、政治家とのやりとりとか」

つまり、それが公文書にされていない。

「そういうこと。まあ、興味があれば調べてみて」

新聞記者は、取材のため官庁に日常的に出入りする。普段から官僚たちに接する機会は多い。だが、省庁にとって都合の悪いことをしゃべる官僚は当然ながらほとんどいない。霞が関の取材はなじみの官僚からヒントをもらうところから始まる。このときもそうだった。

国家公務員には1人につきひとつの公用メールのアドレスが与えられている。手はじめに、官庁の電子システムを担当している総務省に問い合わせてみた。

すぐに、公用メールの使用が激増していることがわかった。国の職員が使う公用メールの送受信数は16年度で８５５６万通。13年度にくらべて２・３倍に増えているというのだ。

しかも、この送受信数は、国の専用システムを通じて官庁の間でかわされたメールしかカウントされていない。同じ官庁の職員同士のやりとりや、企業など民間とのやりとりのメールは含まれていないのだ。

主要な省庁に問い合わせると、送受信数について「未集計」や「セキュリティー上の問題」を理由に明かさなかったが、ある省庁の担当者が「１府省庁当たり年間数千万〜数億通」とこっそり教えてくれた。すごい量だ。

Ａに電話して、調べた結果を伝えた。情報をぶつけて、さらなるヒントをもらう。取材のテクニックのひとつだ。Ａもこちらの手の内は知っているが、自分のヒントをきっかけに取材した努力は買ってくれる。

「５年ぐらい前までは、公用パソコンで報告書をつくったら、紙にして上司に回していた。それがいつの間にか『報告書は電子メールに添付して回せばいいですよね』となり、今では『添付文書もわざわざつくる必要はないですよね』となっている。ベタ打ちして送信したら、それでおしまい。特に若い職員はメール世代だし、上司から『そんなの聞いてないぞ』と言われるのが嫌だから、証拠が残るメールのほうがいいみたいだね」

この話を聞くまで、官庁内では閲覧者が判子《はんこ》を押す紙の報告書が主流だと思っていた。官庁に公文書を情報公開請求すると、出てくるのはその手の報告書ばかりだからだ。

官僚は1日にどのくらいのメールを送受信するのだろう。

「だいたい数十通から100通の間ぐらいかな。自分で書いて送信するのは、多い日で20通いくかどうか。普通の公務員ならだいたいそんなもんでしょう。日ごろつくる文書のうち、今や9割以上はメール」

それから数週間たった17年6月15日、文科省が1通の公用メールを公表した。安倍首相の親友が理事長を務める学校法人「加計学園」をめぐる問題の調査で見つかったものだった。

学園は愛媛県今治《いまばり》市での獣医学部開設を目指していたが、実現には今治市が国家戦略特区に選ばれる必要があった。公表されたメールは、特区担当の内閣府から、大学担当の文科省に送信されたもので、特区の選定条件が修正されたと書かれていた。この修正により、今治市に決定する流れができる。

「内々に共有します」という書き出しで始まるメールにはこう記されていた。

「（修正の）指示は（内閣府の）藤原審議官曰《いわ》く、官邸の萩生田《はぎうだ》副長官からあったようです」

萩生田光一官房副長官のことで、安倍首相の側近中の側近。そもそも、文科省の調査は、学園の計画の早期実現が「総理のご意向」と書かれた文書が同省から流出したのがきっかけだった。この〝萩生田メール〟の存在によって、学園と手を組んで特区を申請した今治市が優遇されたのではないかという見方がさらに強まることになる。

萩生田氏は即座に「修正の指示を出したことはなく、文科省が公表したメールの内容は事実に反する」と否定した。そのニュースが流れるのを見はからって、Aに電話を入れた。興奮気味だ。

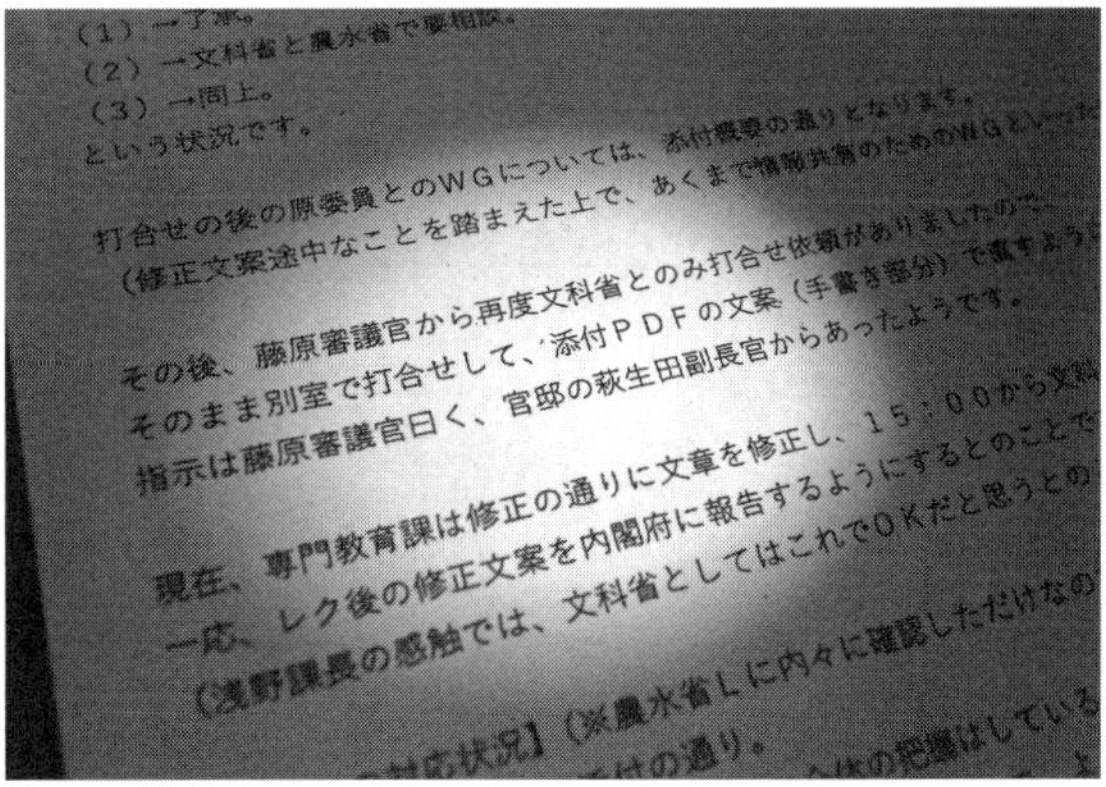

萩生田光一官房副長官（当時）の指示について記された電子メール

「あれがまさに問題のベタ打ちメール。今の報告書のほぼすべてがこういうふうにメールに直接書かれているわけ。どうせ、課長補佐あたりが、事実を隠ぺいしたら許さないぞという勢いで出したんだよ。普通、あんなのは表に出さないから。勇気あるねえ」

Aの場合、国会議員のことが書かれたメールをどうしているのだろう。

「個人用のフォルダーに保存している。仮にだよ、わたしが個人的に保管しているこの手のメールがだれかに特定されて、情報公開請求されたとする。でも、『もう消したからありません』とウソをつくよ。絶対にバレないから。個人的に保管しているメールは強制捜査でもない限り、調べられることはない。黙っていればわからない」

萩生田氏の「指示だ」と書かれていたメールは、加計学園問題が注目されなければ、闇に葬られた可能性が高かった。そういうことなのだろうか。

「当然でしょう。だいたいメールが公文書になると思っている公務員なんていない。わたしもそうだから。メールは膨大にある。どういうメールが公文書に当たるのかルールで決めてもらわないと、正直言って選びようがない。それに、上司に『さっき送ったメール、公文書にしておきます』って言ったら、『お前、大丈夫か』って変な目で見られちゃう」

奇妙な話だと思った。公文書に関する法律には、公文書管理法と情報公開法がある。いずれの法律でも、メールのような「電子の記録」も公文書になると定めている。公文書を「職務上作成・取得し、組織的に用いるために保有している文書」とも定義している。わかりやすくいえば、国の職員が仕事に使うために同僚らとシェアしている文書は公文書になるということだ。メールは最低でも送信者と受信者の2人がシェアする。仕事で使ったメールなら公文書の定義に当てはまる。それなのに、メールを公文書にする意識がまったくないのはどうしてなのか。

「極端にいえば、メールなんて電話で話すのと同じだから。文書じゃない。官僚はみんなそんなふうに思っている」

メールがかつての紙の報告書にとって代わっている。しかし、メールという理由だけでそれが公文書にされていない。それは明らかにおかしい。事実だとすれば、ニュースとして報じる価値がある。だが、たった1人の職員の証言だけで記事を書くことはできない。

わたしは、内橋寿明記者の協力をあおぐことにした。殺人事件をあつかう警視庁捜査1課を担当するなど事件取材が長い。口のかたい捜査員を相手にしてきただけに官僚相手の取材もうまい。

わたしたちは手分けをすることにして、霞が関のビル群に散った。

◎

わたしは東京・新橋の居酒屋で、ある省の課長級職員Eを待っていた。

「すいません。お待たせして」

Eはカウンターに座るなり、生ビールを注文し、うまそうにあおった。Eは政権幹部や政治家との折衝を担当している。わたしたちは時々、この店で落ち合い、主に政局の情報交換をしている。このときは、小池百合子・東京都知事が率いる地域政党「都民ファーストの会」が都議会選挙で自民党に圧勝したばかり。次の衆院選でどこまで躍進するかという話題が酒の肴《さかな》になった。一段落したところで、萩生田氏のことが書かれていたメールの話をふってみた。

「あのメールですか。書いた職員はたぶん何も考えずに、いつものルーティンワークとして一斉送信したんでしょうね。最近では局長クラスの幹部でも『紙の報告はめんどうだからメールで送ってくれ』と言いますから」

「ベタ打ちメール」の報告書のことだろうか。

「そうです。わたしたちが書く報告書はああいう『ベタ打ちメール』がほとんどですね。加計みたいなケースがあると思うと、流出がこわいっす。あの程度の内容が書かれるのもめずらしくはないですから」

「ベタ打ちメール」の報告書が増えているという前述のAの証言と一致している。

ただ、萩生田氏のことが書かれたメールが「あの程度ならめずらしくない」というのは本当なのだろうか。

「けっこうあります。『総理のご意向』とか『官邸幹部の指示』というようなフレーズは、霞が関ではそこそこ飛びかっていますから」

そうしたメールは公文書としてはあつかわれないのだろう。Eはうなずいて、ばつが悪そうに言った。

「実は、きょうも国会議員との折衝を2本こなして、その報告内容をメールに書いて担当者に一斉送信して来ました。でも、おっしゃるように、公文書にはしない。情報公開請求が来ても開示もしませんね。それはわたしが判断することになっているからまちがいありません。そこの選別はかなり恣意《しい》的にできますから」

法律の定義にてらせば、そのメールも公文書に当たる。どういう理屈でそのメールが公文書に当たらないという言いわけをするのだろうか。Eはグラスを手に、少し考えて、笑みを浮かべて言った。

「そうですねえ。メールは個人のメモ。それをメールというコミュニケーションツールを使って同僚に見せただけ。だから公文書には当たらない。という感じですかね」

何でも言いくるめてしまう、絵に描いたような官僚答弁だった。

◎

しばらくして、内橋記者から取材の結果がもたらされる。

「メールは電話と同じようなもの」

「文書という感覚がない」

「何も考えずに捨てている」

「公文書にはしていない」

同じような証言を、文書管理にかかわる立場の複数の官僚がしていた。


記事になる。わたしはそう思ってAに電話した。メールが公文書にされていないことの問題点をあらためて聞くためだ。「そうですね……」と少し間をおいて言った。

「われわれが日々つくっている文書のうち、量も質もメールがその大半を占めるようになっている。国立公文書館などに保存する流れを今のうちにつくっておかないと、政策立案のプロセスが本当にわからなくなる。それは国民だけじゃなくて、官僚にとっても不幸なこと」


わたしたちは2018年1月15日の朝刊で、公用メールの問題を報じる。キャンペーン報道の最初の記事だった。

**公用メール　裁量で廃棄　6省庁の課長ら8人証言　議員対応　個人で保管も**

各省庁で利用が急増している公用電子メールの大半が公文書として扱われていない実態を、複数省庁の担当者が毎日新聞の取材に証言した。メールは官僚の裁量で廃棄できるといい、国会議員と対応した記録などは情報公開の対象とならないよう個人で保管するケースもあるという。情報のやり取りが増えているにもかかわらず、公の記録が残らない現状が明らかになった。

文書管理の実務に携わる6省庁の課長、課長補佐級の職員8人が毎日新聞の面談取材に応じ、実態を証言した。いずれも中堅幹部として職務に関するメールを日に数十通から100通ほど受信し、職場内で作成される文書の管理状況を知る立場にある――

## 森友メール

公用メールが公文書にされていない。ただ、その根拠が官僚たちの証言だけでは心もとない。わたしたちは、官僚の証言を集める取材と並行して、国の情報公開制度を使うことにした。

この制度を使う本来の目的は、必要な公文書を開示させることにある。だが、わたしたち記者は別の使い方もする。なくてはならない公文書が存在しないことや、廃棄されたことを確認するために使うのだ。逆転の発想で、記録を残せないような不都合な事実が隠されていることをあぶり出す。今回は、この手法を使って、重要なメールが公文書にされていないことを裏づけることにした。

担当したのは、日下部聡記者。情報公開制度を使った調査報道の経験が豊富で、『武器としての情報公開――権力の「手の内」を見抜く』（ちくま新書）という本も出している。この分野のエキスパートだ。

ターゲットにしたのは、そのころメディアで連日報道されていた森友学園問題。小学校新設を目指していた学園に国有地が「格安」で売却されたのは、首相夫人の昭恵氏が学園と親密な関係にあったからではないか――という疑惑だ。

国有地売却にかかわった政府機関は、「財務省近畿財務局」「国交省大阪航空局」「財務省本省」「国交省本省」の四つ。

学園との交渉を担当したのは、両省の出先である近畿財務局と大阪航空局だった。

まず、野党が入手した森友学園の内部資料を集めて、そのなかにメールが含まれていないか調べた。すると、近畿財務局の担当者と学園側がやりとりしたメールや、この両者に大阪航空局の担当者をくわえた3者でかわしたとみられるメールが見つかった。

**森友学園問題を巡るメールの存否**

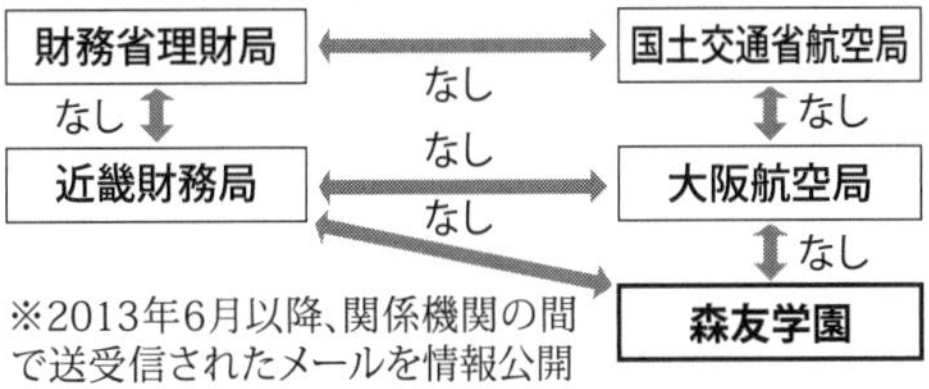


※2013年6月以降、関係機関の間で送受信されたメールを情報公開請求した結果に基づき作成。

国会では当時、財務省と国交省の幹部が、野党から厳しい追及を受けて答弁に追われていた。国会に対応するため、近畿財務局―財務省、大阪航空局―国交省、財務省―国交省の間で問い合わせや報告のメールが飛びかっている可能性も高かった。

こうした下調べと想定をしたうえで、四つの政府機関の間でかわされたメール、出先の両局が森友学園側とかわしたメールを開示請求した。

結果は予想のとおり。いずれも「不開示」「保有が確認できない」

という回答だった。

森友問題のように国会で連日とり上げられるような事案ですら、存在しているはずのメールが公文書として残されていない。国有地は国民の財産だ。その売却の経緯にかかわるメールの重要性は高い。メールがほかの事案でも公文書化されていないことを強く疑わせる結果だといえた。

## メール自動廃棄

一方、わたしたちは省庁の不穏な動きをキャッチする。

国交省が、サーバー内にたまっている職員の公用メールを自動的に廃棄する計画を進めているというのだ。それを知ったのは、同省の内部文書を入手したからだった。その内部文書は、皮肉にも、同省大臣官房総務課が職員に計画を通知した公用メールだった。

通知メールには、国交省が18年2月から、送受信後1年が経過したメールをサーバーから自動的に廃棄することを決めたと書かれていた。

省庁による公用メールの自動廃棄をめぐっては、野党が森友疑惑を追及するなかで、財務省が「送受信から60日後に自動廃棄」していることが発覚していた。疑惑が解明されていないのに、証拠となるメールが廃棄されたり、廃棄したという口実にされたりするのではないかという懸念《けねん》が広がっていた。

国交省も、財務省と同様に学園と交渉手続きを進めた当事者だ。にもかかわらず、水面下で自動廃棄の仕組みを導入しようとしていたことになる。わたしたちが入手した通知メールでは、長期保存が必要なメールは公文書登録するよう指示されていたが、これまで見てきたように、官僚たちにメールを公文書としてあつかおうとする意識はほとんどない。保存するための具体的なルールもない。こうした状況で自動廃棄を始めれば、森友疑惑に関するメールまで廃棄されてしまう可能性は高い。少なくとも、わたしにはそう思えた。

通知メールを一斉送信した総務課の担当者に電話を入れた。

担当者は、自動廃棄の計画の取材とわかると、「えっと、それはまだ何も決まっていないやつでして……」と言葉をにごした。しかたがないので、通知メールの文面を読みあげると、動揺しながらも、説明を始めた。自動廃棄を導入するのは、17年12月に公文書管理のガイドラインが改定され、メールの適正な管理が求められたことや、サーバーの容量確保の必要があるためだというのだ。

もっともらしい説明だが、うのみにはできない。

通知メールには、自動廃棄の対象にできるメールの例として、国会議員からのレクチャー要求の内容を記載した連絡文書、国会議員への説明の日程調整のためのメールなどがあげられていた。意味深なのは、こうしたメールが「情報公開の対象になりうることに留意する必要がある」とも記されている点だ。

この通知メールについて、国交省関係者はわたしにこう解説してくれた。

「わざわざ『公開の対象になりうる』と書いてあるところがミソです。職員にまずいメールは早く捨てろとうながしているように読める。そう受けとめる職員は少なくないでしょうね」

専門家の意見も聞く必要がある。NPO法人「情報公開クリアリングハウス」(東京都新宿区)の三木由希子理事長。公文書管理と情報公開制度にくわしい数少ない専門家のひとりだ。「内閣府行政透明化検討チーム構成員」や「長野県情報公開審査会委員」などを務めた経験もあり、実務にも精通している。

衆院情報監視審査会で参考人として意見を述べるNPO法人「情報公開クリアリングハウス」の三木由希子理事長

その三木理事長はこう指摘した。

「メールが自動廃棄されれば、本来なら公文書として保存すべきものまで消えるのは確実です。メールを選別して保存するには手間もかかるし、どのメールを保存するかの判断は個々の官僚の能力や意識、職場の文化によっても異なります。導入すべきは、自動廃棄ではなく、重要なメールを確実に保存させるシステムといえます。国交省は森友学園問題に関するような都合の悪いメールを大量に廃棄してしまおうとしていると疑わざるをえません」

メールの公文書化が進んでいない現状での自動廃棄には問題がある。わたしたちは２０１８年1月16日の朝刊で国交省の計画を報じた。

## 国交省、メール1年で自動廃棄　政策検証困難に

省庁で利用が急増している公用電子メールについて、国土交通省は2月から、送受信後1年が経過したものをサーバーから自動的に廃棄することを決めた。保存が必要な公文書に該当するメールは職場で保存するよう指示したが、廃棄可能なメールとして、国会議員からの説明要求の連絡文書などを挙げている。専門家は「政策の検証に必要なメールが消去される」と懸念している――

国交省はこの報道によって自動廃棄の計画実施を見送った。「職員にメールの適切な保存方法を習熟させるのに時間がかかるため」とその理由を説明したが、その後、メールの自動廃棄自体がすべての省庁で禁じられることになる。

## 大臣のメール

公用メールの取材を通じて気になったのが、省庁のかじ取りを担う大臣たちが送受信しているメールのことだった。

大臣にも職員と同様に公用メールのアドレスが与えられている。実際、使用を明かす大臣の発言が国会質疑やツイッターなどに散見されていた。

たとえば、世耕弘成《せこうひろしげ》経済産業相は17年4月3日の参院決算委員会で、自身がITを活用して職場以外で働いている例としてこう答弁していた。

「夜、(翌日の国会答弁案が) できたよというメールを秘書官からもらって、自分が経産省のサーバーにアクセスして答弁を勉強しています」

また、河野太郎外相も同年11月30日、国会答弁準備のために職員が夜遅くまで仕事をしていると訴えるため、自身のツイッターにこんな投稿をしている。

「22:43に役所の大臣室から来たメール『まだ最終的に出てないですが、明日は0650宿舎発でお願いします。全体で、30問前後かと思います。』 あすの委員会の質問通告を役所はまだ待っている」

両大臣は、いずれも公務でメールを使ったことを自ら認めていることになる。

そこで、わたしたちは、国会議員である政務三役 (大臣、副大臣、政務官) の公用メールの使用と管理の実態を調べるため、省庁に開示請求をかけることにした。

対象は、16年8月に発足した第3次安倍再改造内閣以降に就任した全政務三役 (約130人)。約1年間に送受信した「電子メールのすべて」の公開を求めた。

記念撮影にのぞむ第３次安倍再改造内閣の閣僚ら＝首相官邸で2016年８月３日

すると、開示されたメールは、なんと1通しかなかった。橋本岳《がく》・厚労副大臣が17年5月、省内の働き方改革の方針を説明するために各部局に一斉送信したメールだ。しかも、内容は広報誌に掲載されるような当たりさわりのないものだった。

一方、世耕氏と河野氏が使用を明らかにしたメールも開示請求対象にしたが、いずれも「不存在」とされた。

経産省は、世耕氏が国会答弁で触れたメールがない理由について、「大臣はメールで秘書官と簡単な連絡はしているが、日常的なやりとりは基本的にすぐ削除しており、情報公開請求があった時点ではすでに存在していなかった」と説明した。

経産省の説明からは、内容は不明ながら大臣がメールを多用していることがうかがえた。

外務省は、河野氏が自身のツイッターで明かしたメールについて「該当文書は確認できなかった」とだけ回答した。

130人の政務三役の送受信メールが1通しか公文書にされていないのはどう考えてもおかしい。実際に公務に使われたメールも公文書化されていないのだ。わたしたちは2018年1月31日の朝刊で、この結果を報じることにした。

**政務三役 メール開示1通 130人分 大半保存されず**

---

安倍晋三首相や安倍政権の全ての政務三役（大臣、副大臣、政務官）が職務上送受信した電子メールを毎日新聞が情報公開請求したところ、副厚生労働相が送信した1通しか開示されなかった。逆に閣僚が国会答弁などで使用したと明かしたメールを、削除したとして開示しない例もあった。政務三役のメールがほとんど公文書として保存されていない実情が浮かび上がった――

---

## LINEとガラケー

政務三役の公用メールが公文書としてあつかわれていないのは、ある意味で想定したとおりだった。まずは、情報公開制度を使って、あるべき公文書がないことを明らかにする。次の仕事は、そのカラクリを暴くことだ。そのためには、政治家たちから直接話を聞くしかない。いわゆる〝じか当たり取材〟だ。

ＪＲ恵比寿駅近くのカフェでわたしを待っていたのは、福田峰之《みねゆき》・元内閣府副大臣だった。17年に自民党を離党し、その年の衆院選で「希望の党」から出馬して注目を集めた。自民党時代は党ＩＴ戦略特命委員会事務局長を務めるなどＩＴに強い政治家として知られていた。福田氏には、事前に政務三役の公用メールの使用実態と公文書管理について聞きたいと伝えてあった。会うなり、こう聞いてきた。

「公文書にすべきメールって、添付文書のこと？」

わたしは、官僚の間で増えている「ベタ打ちメール」の報告書が公文書にされていないことを簡単に説明した。

福田氏は困ったような顔をした。

「ぼくらもそうだけど、メールってしゃべっているのと同じあつかいだよね。文書って感覚ではあつかっていないよね」

官僚たちとまったく同じ感覚のようだ。副大臣当時もその感覚で公用メールを使っていたのだろうか。

「公用メール？　一回も使ってないね。だって、忙しいから。現場視察や与党との協議のために外を飛び回っているのに、公用メールは副大臣室備えつけの官用パソコンを開かないと送受信できないから」

福田峰之・元内閣府副大臣

福田氏はテーブルの上にあった自分のスマートフォンを手にとった。
「今はもうこれ。公用パソコンなんて電子メディアじゃないよ。だいたい、パソコンなんてもう使わないから」
そう笑って続けた。
「パソコンのほうが文字を書くのが速いということもない。スマホですんじゃう。

副大臣のときは、スマホで見られるプライベートのメールも使ったけど、一番使ったのはSNS。LINE（ライン）だよ」

驚いた。福田氏の話によると、副大臣在任中、約30人の官僚、他省庁の副大臣、与党議員らとLINE上に複数のグループをつくっていたという。たとえば、ほかの副大臣や議員とは「この案件、どう思う？」と意見交換し、官僚らには外出先から指示を出したり、報告を受けたりして、必要な資料は添付して送ってもらったという。多い日で数十件のメッセージをやりとりしていたとも明かした。

福田氏が続ける。

「若い政治家はみんなLINEをやってるよ。新聞社は古い。むかしのものさしで見ると、中堅や若手の政治家の動きは見えない」

LINEの文面は公文書にすべきなのだろうか。福田氏には愚問だろうと思いつつ、あえて聞いた。やはり、不思議そうな顔をした。

「そういう考え方はやめたほうがいいよ。だって、今はスマホにしゃべると自動で文字になるんだから」

福田氏はスマートフォンを口元に近づけて、「ま・い・に・ち・し・ん・ぶ・ん」と話しかけた。「ほら」と言ってわたしに見せた画面には「毎日新聞」と表示されていた。

「メールとかSNSのやりとりが文書だとか、公文書だとか言われると、すごく違和感あるわけよ。メールやLINEのやりとりは意思決定をするまでの情報収集、材料集めにすぎない。どんな本を読んで、どんな公文書を読んで、だれから何を聞いたか全部残せっていうの？　そこまでやったら思想チェックに近いよ」

※

公文書管理の問題は、安倍政権の足をひっぱりかねない。そんな心配もあるのだろう。与党の政治家への取材は、断られることが多く、難航を極めた。それでも、わたしたちの取材に、福田氏を含めて6人の政務三役経験者が応じてくれた。

福田氏以外はいずれも匿名《とくめい》が条件だったものの、こんな証言が集まった。

「公用メールは不便だからほとんど使ったことがない」

「私用メールを使っていた」

「私用メールとLINEなどを内容や相手によって使い分けていた」

どうやら、政治家たちは、政務三役に就任したあとも、使い勝手の悪い公用メールではなく、個人契約の私用メールや、ＬＩＮＥなどの通信アプリを使っているようだった。

しかし、公文書管理法にもそのガイドラインにも、私用メールや通信アプリのことは書かれていない。そもそも公文書になるのだろうか。

公文書管理法を所管する内閣府公文書管理課に聞いてみた。

それによると、私用メールや通信アプリは個人で管理されているため、「行政機関が保有している」「組織的に共有している」という公文書の定義から外れてしまう。このため、公文書にするには「正式な文書としてつくり直し、組織として保存する必要がある」ということだった。

だが、官僚の公用メールですら公文書にされないのに、政治家が私用メールをそんな手間をかけてまで公文書にするはずがない。つまり、私用メールと通信アプリは公文書管理制度の「盲点」となっているのだ。

わたしは「永田町」に向かった。国会や首相官邸、議員会館のある政治家の街。官僚の街「霞が関」と対比してこう呼ばれる。

議員会館のエレベーターのなかで緊張が高まっていく。会うのは、ある大臣経験者。安倍首相に極めて近い大物議員だ。

わたしたちは、安倍首相や菅義偉《すがよしひで》官房長官が職務上送受信したメールも開示請求していたが、「不存在」との回答が届いていた。政権中枢でメールがかわされることは本当にないのだろうか。元大臣にはそのことを聞かなくてはならない。

元大臣は、わたしの説明を聞くと、「それはセキュリティーの観点から重要なテーマだな」と言って応じてくれた。

話は、自身が大臣だったときの経験から始まった。

「わたしも大臣室の公用パソコンは使わなかった。というのは、省内の職員のメールはサーバーの管理者がすべて見られるようになっている。だから、公用メールで秘密にしなくてはならない機微なやりとりはできない。大臣として局長に内々にある案件を調べておいてと公用メールで連絡する。すると、ほかの部局やほかの職員にその内容が漏れてしまうおそれがある。それは困るんだよ」

たとえば、省内の不祥事の調査の情報が漏れると証拠を隠滅されかねない。あるいは、既得権を打ち破る政策の準備をしていることが漏れたら、利害関係団体から横やりが入って、固まる前につぶされかねない。元大臣が「困る」と言ったのはそういうことだ。だが、職員に漏れたら困る情報はそれだけではないという。

「自分がいる省庁がね、時々、政権運営に影響しそうな情報を入手することがあるんだよ。そうした情報は、官邸にいるスタッフにも教えられないから、総理に直接、伝えなくてはいけない。しかも、できるだけ早くね。ところが、総理は会議やらで忙しいから、官邸の固定電話はもちろん、携帯電話にかけてもつかまらない。そういうときは、自分の携帯から総理の私有携帯にメールで速報していた」

ここまで言うと、自嘲《じちょう》気味に笑った。

「ただね、使っている携帯がさ、おたがいガラケーなんだよ」

ガラケーとは、旧型の携帯電話のことだ。スマートフォン全盛の時代になぜなのだろう。

「誤解しないでほしいんだけど、ハイテク音痴《おんち》というわけではない。これもセキュリティーの

衆院予算委員会開会前に菅義偉官房長官（右）の差し出す携帯電話端末を見る安倍晋三首相

問題でね。スマホはネットにつながっている状態が長いから、外部からハッキングされやすいそうなんだ」

　このため、首相、官房長官、首相秘書官、大臣ら政権中枢の幹部は私用のガラケーのメールで連絡をとりあっているのだという。

　元大臣はため息をついた。

「公用スマホもあるけど、辞書代わりだね。こんだけスマホが普及しているのに、政権中枢でガラケーが生き延びている状況がせつないね」

　元大臣が証言してくれたのは、政権中枢だけでなく省庁全体のセキュリティーのレベルがほかの先進国にくらべて見劣りするという懸念からだった。

ただ、公文書の観点からいえば、重要なのは、政権幹部らが私用メールで「政権運営に影響しそうな情報」をやりとりしている事実だ。それらは公文書としてあつかうべきものなのか。ストレートにぶつけてみた。

元大臣は「えっ、公文書じゃないでしょ」と驚いたが、少し考えて、戸惑いの表情を浮かべた。

「確かに、メールに書いたのは官庁が入手した公的な情報ではあった。ヒラリーのケースもあったしな……」

## ヒラリー・メール

元大臣が口にしたヒラリーのケースとは、米国のヒラリー・クリントン氏の「メール事件」のことだ。

クリントン氏は国務長官在任中（09～13年）に、国の規則に反して公務に私用メールを使い、そのことが大きな問題となったのだった。

米国メディアによると、発覚のきっかけは、国務長官だった12年に4人が殺害された在リビア米領事館襲撃事件。連邦議会が事件の検証のためにクリントン氏のメールの開示を国務省に要求したところ、省のサーバーに在任中のメールが8通しか残っていなかったのだ。

米フロリダで演説するヒラリー・クリントン候補

一方、クリントン氏が指摘を受けてから政府に提出した私用メールの数は5万ページ分にのぼった。国務長官は高度な機密情報をあつかう。私用メールは公用メールにくらべてセキュリティーが脆弱《ぜいじゃく》とされているため、ハッキングによる情報漏えいのリスクも高くなる。

くわえて、私用メールは情報公開の対象からも外れる。国民の知る権利が侵害されるだけでなく、国家として重要な歴史的事実も残らなくなるのだ。

国務省がまとめたこの問題の報告書でも、クリントン氏が私用メールを公務で許可なく使い、記録の保存と提出も不十分だったと結

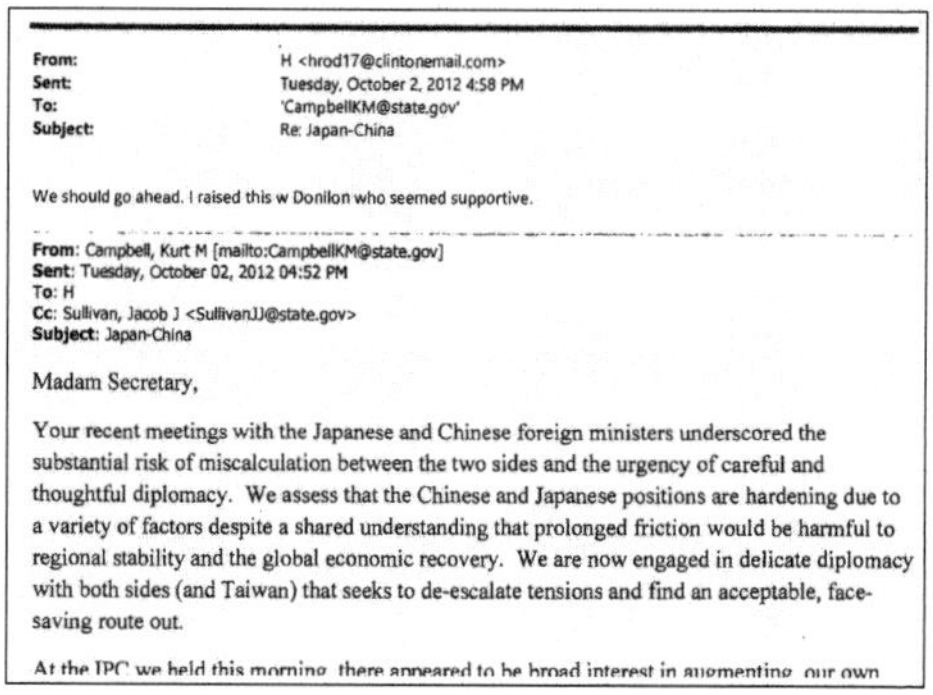

From: H <hrod17@clintonemail.com>
Sent: Tuesday, October 2, 2012 4:58 PM
To: 'CampbellKM@state.gov'
Subject: Re: Japan-China

We should go ahead. I raised this w Donilon who seemed supportive.

From: Campbell, Kurt M [mailto:CampbellKM@state.gov]
Sent: Tuesday, October 02, 2012 04:52 PM
To: H
Cc: Sullivan, Jacob J <SullivanJJ@state.gov>
Subject: Japan-China

Madam Secretary,

Your recent meetings with the Japanese and Chinese foreign ministers underscored the substantial risk of miscalculation between the two sides and the urgency of careful and thoughtful diplomacy. We assess that the Chinese and Japanese positions are hardening due to a variety of factors despite a shared understanding that prolonged friction would be harmful to regional stability and the global economic recovery. We are now engaged in delicate diplomacy with both sides (and Taiwan) that seeks to de-escalate tensions and find an acceptable, face-saving route out.

At the IPC we held this morning, there appeared to be broad interest in augmenting our own

米国務省が公開している、ヒラリー・クリントン元国務長官が私用アカウントで発信したメールの一部。日中関係の緊張緩和策について、カート・キャンベル国務次官補（当時）の提言に対し、クリントン氏は「その線で行くべきですね」などと返信している。

論づけた。仮に同省がクリントン氏から私用メールを使う承認を求められても安全上の理由から認めなかっただろうとも指摘した。

クリントン氏の行為は、情報セキュリティーへの認識のあまさと情報隠しの両面から大きく批判され、16年の大統領選でトランプ氏に敗北する一因になったとされている。

一方で、この「事件」は、メールは公文書だという意識が米国では浸透していることを逆説的に示しているともいえる。実際、米国のメールの公文書管理は、オバマ大統領時代にさらに進化する。国立公文書記録管理局（NARA）が「キャップストーン・アプローチ」と呼ばれる仕組みを導入したのだ。これによって、政府機関の職員の公用メールは、その職位や任務に応じて自動的に永久保存と一時保存にふり分けられ、永久保存のメールはNARAに転送されるようになった。

さらに、ホワイトハウスと政府の職員が私用メールを仕事に使ったときは、20日以内に公用メールに転送しなければならないと法律で定められてもいる。

日本の公用メールに対する認識と管理がいかに遅れているかがわかるだろう。

メールの公文書化にくわしい非営利の調査機関「ナショナル・セキュリティー・アーカイブ」（NSA）のローレン・ハーパー研究員は取材班の日下部記者の取材にこう指摘した。

「政府が正確に歴史を残そうとするなら、電子記録、特にメールの保存には優先して取り組まなければならない。21世紀にほかの選択肢はありえない」

日本でも、クリントン氏の「メール事件」のような問題が生じるのではないか。わたしたちは、警鐘を鳴らす意味を込めて2018年5月1日の朝刊でこう報じた。

## 政務三役　公務に私用メール　記録残らぬ恐れ

「政務三役」と呼ばれる大臣、副大臣、政務官の経験者を対象に毎日新聞が公務でのメールの使用状況を取材したところ、7人が公用メールを使わず、私用メールや通信アプリ「LI

NE（ライン）」を使っていたと証言した。公文書管理法は政府の意思決定過程を記録するよう定めているが、政府は私用メールを同法の対象外とみなしており、私用メールが公務に使われた場合、重要な記録が残らなくなる恐れがある――

この記事を掲載してから2年になる。だが、日本政府は今なお、電子メールを公文書としてあつかおうとしていない。それは、森友学園疑惑をめぐる公文書改ざん問題への対応をみれば明らかだ。

財務省は18年6月に改ざんの経緯を調査した報告書を公表したが、調査結果を裏づける職員たちの電子メールの存在を認めながら公開をこばんだ。その理由をこう説明している。

「メールは情報伝達のひとつの手法にすぎず、送信者の見解を一方的に伝えるもの。第三者が理解するために十分な内容が書き尽くされておらず、誤解をまねきやすい」

これは報告書の公表後、野党議員から出された質問主意書に対して政府が閣議決定をへて公式に答弁したものだ。「メールは情報伝達のひとつの手法にすぎない」という理屈は、「メールは電話で話すのと同じだから文書ではない」と言って公文書の対象から外している官僚たちの言い分そのものだ。

これまで述べてきたように、メールはかつての紙の報告書にとって代わり、重要な内容が書かれるようになっている。にもかかわらず、政府は時代錯誤もはなはだしい言い分を国の正式な統一見解にしてしまったのだ。

財務省による公文書改ざんの調査報告書では、だれがどんな理由で改ざんを指示したのかという一番肝心なことがあいまいにされている。このため、改ざんの作業を強いられたのちに自殺した近畿財務局の赤木俊夫氏（当時54歳）の妻が20年3月、「すべて（財務省理財局長の）佐川氏の指示だった」と夫が書き残した手記を公表して、真相解明を求めている。

野党は、真相解明の鍵になるのは、改ざんにかかわった職員たちのメールだとして開示を求めているが、財務省はやはりこう言ってこばんでいる。

「メールは書き手の意向が一方的に相手方に伝達され、（内容に）未成熟なものが含まれている。（その内容は）必ずしも組織としての意思決定に含まれていない。（公開すると）あやまった印象を与えるおそれがある」

こんな理屈がまかりとおれば、メールはいっさい公文書にしなくていいことになる。つまり、政府にはメールを公文書として残す気などさらさらないのだ。

# 第二章　ファイル名ぼかし

日本の公文書管理の問題が注目されたのは、自衛隊の日報問題からだった。

きっかけは、ジャーナリストの布施祐仁氏が２０１６年、南スーダン国連平和維持活動（PKO）に12年から派遣されていた自衛隊の日報を情報公開請求したことだった。陸上自衛隊は、「すでに廃棄しているため存在しない」と回答したが、のちに隠ぺいしていたことが発覚する。「非戦闘地域」のみに派遣が許されるのに、その日報には派遣先で「戦闘」があったとの記述があった。

結局、稲田朋美防衛相が引責辞任に追い込まれることになる。

さらに、18年に、自衛隊イラク派遣時（03〜09年）の日報の問題も表面化する。防衛省が前年に国会で日報の有無を問われて「存在しない」と答弁したにもかかわらず、大量に見つかり、その後もさみだれ式に出てきたという問題だ。

防衛省・自衛隊は、隠ぺい体質とずさんな公文書管理の両面から大きな批判にさらされたのだった。

東京・市ケ谷の防衛省

※

そのころ、わたしは日報問題の背景事情を探るため、防衛省で文書管理を担当している職員Xとひんぱんに会うようになっていた。まじめな性格で冗談すら口にしないが、わたしが知る官僚のなかで最も公文書管理の実務に精通している。

そのXがある日、わたしにこう聞いてきた。

「イーガブって知っていますか?」

総務省が運営する政府の公式サイト「e－Gov(イーガブ)」のことだ。「電子政府の総合窓口」と呼ばれ、行政手続きの電子申請にくわえ、行政文書(公文書)ファイルの検索ができる。入手したい公文書が

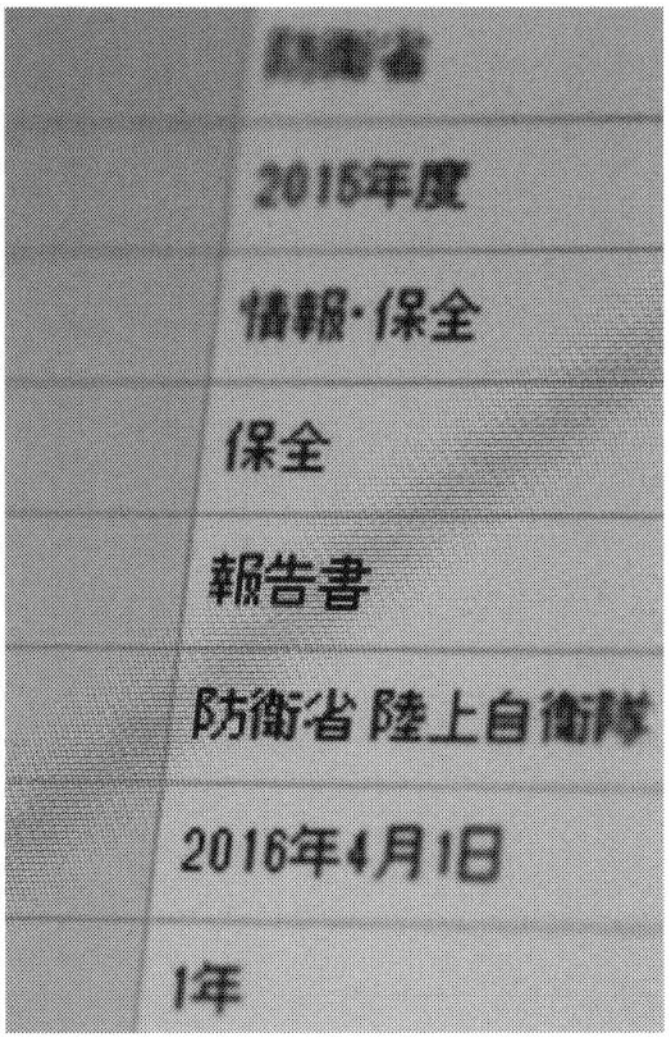


名称が「報告書」とされたファイル。実際は懲戒処分関連の文書がつづられていた。

あれば、イーガブを使ってファイルを特定し、保有官庁に開示請求する仕組みになっている。

「ちょっと、見ておいてください」

Xは愛用のスマートフォンをとり出して、イーガブから公文書ファイルの検索を始めた。しばらくして、ひとつのファイル情報が画面に表示された。

保有省庁、作成日、作成者、保存期間、ファイル名など14項目の情報が並んでいる。ファイル名の欄を見ると「報告書」と書かれていた。

「この『報告書』という名前のファイルに、どんな公文書が入っているかわかりますか？」

そう言ってわたしの顔をのぞき込んだ。これだけではまったくわからない。わたしが答えられずにいると、Xはうなずいた。

「当然です。中身がわからないようにわざとぼかして書いているのですから」

思わずXの顔を見返した。

情報公開制度をよく使う記者ならイーガブの存在を知らないものはいない。だが、イーガブを使うことはほとんどない。理由は簡単だ。ファイル名が抽象的すぎて目的の公文書が見つけられないからだ。ただ、おかたい官庁が考える公文書のファイルの名称なんてこんなもんだろうと、さして気にとめることもなかった。だが、ファイル名がわざとぼかされているのなら話は別だ。

Xに説明をうながした。

「ファイル名を具体的に書くと、われわれがどんな文書を保有しているのか国民に知られてしまいます。そうすると、興味、関心をもって情報公開請求する人が出てくる。それを回避しなくてはいけない。だから抽象的にしているのです」

声はうわずっていた。官僚が記者にこうした話をするのは勇気がいる。バレたら処分を受けることもあるからだ。しかも、軍事上の機密情報をあつかう防衛省はこの点に関して他省庁よりも厳しい。それでもXは続けた。

「わたしが提案したファイル名も抽象的な表現に変えられたことがありました」

装備品の資料をとじたファイルに具体的な名称をつけて上司に提案した。ところが、イーガブで公表されたファイル名を見ると、単なる「報告書」などと具体性のないものになっていたのだという。

「あとになって、同僚から『上の指示』があって書きかえられたと聞きました」

※

公文書ファイルの名称がわざとぼかされている。その実態を解明する取材は、Xのこの証言から始まった。

まず、公文書ファイルの情報がイーガブで公表されるまでの仕組みを調べた。次のような流れになっていた。
①国の職員は、1年以上の保存が必要な公文書を作成・取得した場合、文書をとじる行政文書（公文書）ファイルをつくらなければならない。
②職員は、ファイルをつくったら、その名称、保存期間、作成部署などの基本情報を「文書管理システム」に入力する。

③入力した情報は「行政文書ファイル管理簿」と呼ばれる目録に登録され、ファイル名などがイーガブで見られるようになる。

イーガブの運用は、01年の情報公開法施行にあわせて始まった。国民の知る権利を支える重要な制度と位置づけられているのだ。

イーガブでは、ファイルに入っている文書そのものを見ることはできない。公表されるのはファイルの基本情報だけだから、検索の最大の手がかりはファイル名となる。このため、公文書管理法施行令で「国の活動を国民に説明する責務がまっとうされるよう、わかりやすい名称を付さなければならない」と規定されている。

さらに国の公文書管理のガイドラインは、ファイル名について具体的なルールを定めている。「あまり意味をもたない」用語として、「文書」「綴《つづ》り」「その他」などを例示して、ファイル名にできるだけ使わないよう指示しているのだ。

試しに、「文書」「綴り」「その他」というキーワードをイーガブに入力して検索すると、こんなファイルが次々とヒットした。

「28年度　公文書」（東北防衛局調達部）
「原義綴2（平成28年度）」（防衛省大臣官房秘書課）
「H28その他（1年）」（統合幕僚学校）

完全にガイドラインに反している。内容もまったくわからない。

ガイドラインは「特定の担当者しかわからない表現・用語は使用せず、ほかの職員や一般の国民も容易に理解できる表現・用語とする」とも定めている。キーワードを適当に打ち込んで検索すると、こんなファイルも見つかった。

「0《ゼロ》文書綴」（陸上自衛隊西部方面隊）
「訓練資料4―10―01―02―26―0演習」（陸上自衛隊東部方面会計隊）
「平成24年度運用A（10年）」（陸上自衛隊東部方面指揮所訓練支援隊）

いずれも、外部の人間では、どんな文書が入っているのかまったくわからない。

これはとんでもない問題だ。そう思ったが、防衛省と自衛隊のファイルは400万件以上ある。イーガブに、当てずっぽうにキーワードを打ち込んで問題のファイルを探すのは大変な作業だ。しかも、ファイル名をひとつひとつ見て、抽象的かどうか判断していくのは、不可能に近いように思えた。

Xに相談すると、ヒントを教えてくれた。防衛省が保有している「レコードスケジュール」というリストがある。それを調べろというのだ。

このリストは、廃棄予定の公文書ファイルに歴史的に価値のあるものが含まれていないかチェックしている内閣府と国立公文書館に送られるものだ。イーガブでは公表されていないファイルの基本情報が記載されているという。

国立公文書館が公表している資料のなかから、リストのひな型を見つけた。リストに記載するファイルの基本情報は34項目。イーガブで公表されるのは、このうちの14項目だけだ。リストの項目を順に見ていくと、非公表の21番目の項目で目がとまった。

そこにはこう書かれていた。

「ファイルの名称が抽象的である場合、その内容を端的に記載する」

ファイル名が抽象的だと、内閣府と国立公文書館はファイルの中身がわからず、価値判断できない。このため、省庁が自らファイル名が抽象的だと思った場合、この項目に内容の補足説

| 整理番号 | 作成・取得年度等 | 大分類 | 中分類 | 名称(小分類) | 作成・取得者 | 起算日 | 保存期間 | 保存期間満了日 | 媒体 | 管理者 |
|---|---|---|---|---|---|---|---|---|---|---|
| 2555 | 1986/01/01 | 装備 | 整備 | 昭和61年原議綴り(永久) | 防衛庁航空幕僚監部装備部整備課計画班庶務係 | 1987/01/01 | 30年 | 2016/12/31 | 紙 | 防衛省幕僚監備計画備・補括班 |
| 2554 | 1986/01/01 | 総務 | 文書、郵政 | 起案簿(昭和61年) | 防衛庁航空幕僚監部装備部整備課計画班庶務係 | 1987/01/01 | 30年 | 2016/12/31 | 紙 | 防衛省幕僚監備計画備・補 |
| 2553 | 1986/01/01 | 総務 | 文書、郵政 | 昭和61年マイクロ文書台帳 | 防衛庁航空幕僚監部装備部整備課計画班庶務係 | 1987/01/01 | 30年 | 2016/12/31 | 紙 | 防衛省幕僚監備計画 |
| 2236 | 2000/01/01 | 衛生 | 衛生一般 | 身体歴 | 防衛庁航空航空総隊中方面隊第7令部衛生班 | | | | | |
| 1419 | 2006/01/01 | 人事 | 人事一般 | 平成18年来簡文書綴(10年保存) | 防衛庁自衛病院総務課 | | | | | |

レコードスケジュール

名称が抽象的（「～雑件」、「～関係資料」等ガイドラインP15参照）である場合、その内容（端的に記載）

明を書き込むようになっているのだ。

つまり、この項目に補足説明が書かれているファイルは、防衛省自らが「名称が抽象的ですよ」と認めたものになる。そのファイルの数がわかれば、問題の全体像が見える。しかも、ファイル名が抽象的だと報道する根拠にもなる。

リストは非公開とされているため、補足説明の項目を見ているのは、省庁と内閣府、国立公文書館だけとなる。国民に公表するファイル名を抽象的にしておいて、官僚だけが見られるリストにファイルの内容を具体的に書いているわけだ。

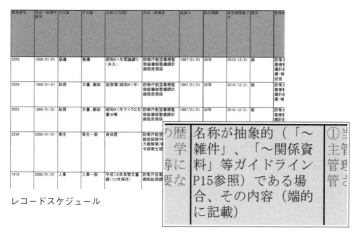

いかにもこそくなやりかただが、このリストは、複数の官庁で共有されているから、情報公開請求すれば黒塗りされずに開示される可能性が高いと思われた。

わたしたちは、防衛省に対し、16年度分のリストを請求した。それから3カ月後、段ボール1箱分のリストが開示された。

開示されたリストからわかったのは、補足説明が書かれたファイルが16年度分だけで４万１９６件もあることだった。つまり、防衛省が自ら名称が抽象的だと認めたファイルがそれだけあったのだ。その数は16年度分の全ファイル64万６６０８件の約６パーセントを占めていた。

抽象的な名称にされたファイルにはどんな文書がとじられているのか。

わたしたちはそれを解明するため、４万件を超えるファイル名と補足説明を交互に見くらべて、ひとつずつ確認していった。リストの文字は小さい。目がチカチカしてくる。

「これはひどい」

片平知宏記者が声をあげた。経済とＩＴ分野に強く、データ分析も得意だ。

のぞき込むと、ファイル名の欄に「略」としか書かれて

開示されたレコードスケジュール

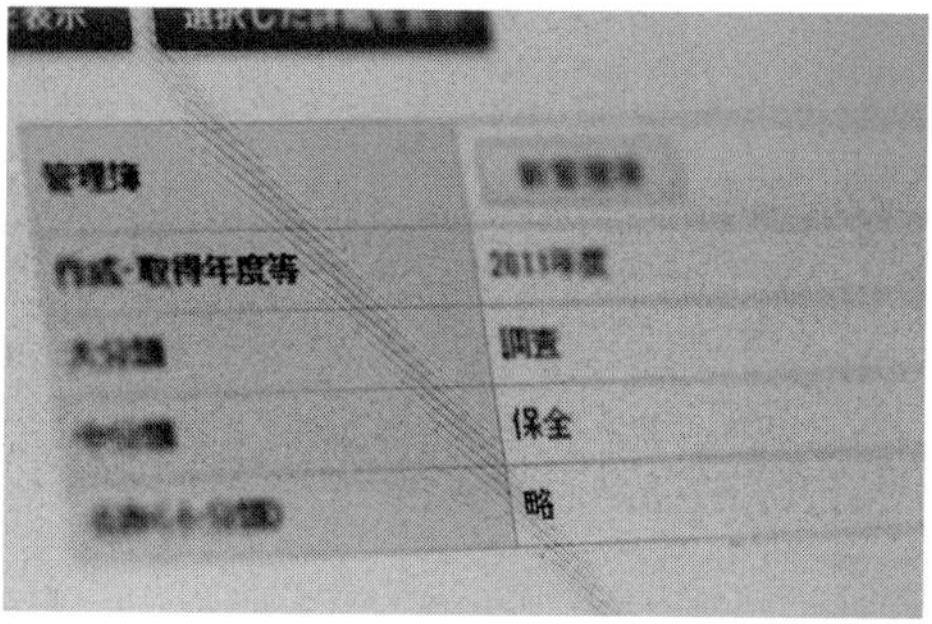

「略」とだけ表記されたファイル名

いない。つまり、ファイル名が単に「略」ということになる。補足説明の欄に目を転じると、「秘文書点検用紙綴《とじ》込《こ》み用ファイル」とある。これをそのままファイル名にして、どんな問題があるのだろう。ファイル名を「略」とすると、かえって興味をもたれて請求されてしまうのではないか。首をひねらざるをえなかった。

再びリストに目を落とすと、「44930」などと数字だけのファイル名が12件見つかった。補足説明を読むと、そのうちのひとつは「朝鮮半島の地誌に関する文書」がつづられていると記されていた。

ファイルに入っている文書自体を非公開にするのは理屈としては理解できる。だが、ファイル名を数字だけにするのはさすがにやりすぎだ。

続いて目を引いたのは、不祥事に関するファイル。あきれてしまうようなケースばかりだ。

ファイル名「服務指導関連」↓補足説明「飲酒運転事故および自殺事故の詳報」
ファイル名「服務指導」↓補足説明「セクシャルハラスメントに関する報告」
ファイル名「報告書」↓補足説明「懲戒処分事案」
ファイル名「公用外出関連」↓補足説明「公用外出証の紛失」

こうしたケースを見ると、「情報公開請求を回避するためにファイル名をぼかしている」というXの言葉がさらにリアリティーを帯びてくる。

深刻だと思ったのは、防衛省運用企画局保有の「事態対処B8検討」という名称のファイル。補足説明の欄を見ると、「あたご衝突事故」に関する文書が入っていると記されていた。この事故では、08年に千葉県野島崎沖で海上自衛隊のイージス艦「あたご」とマグロはえ縄漁船「清徳丸」が衝突。沈没した清徳丸に乗船していた親子2人が死亡している。こうした事故に関する公文書は、被害者や遺族、関係者にとっては、人権救済や権利保障の助けにつながるかもしれない。ファイル名ぼかしが「実害」を生みかねないケースといえた。

同様に深刻なのは、名称がぼかされたファイルに歴史的に重要だと思われる文書がとじられ

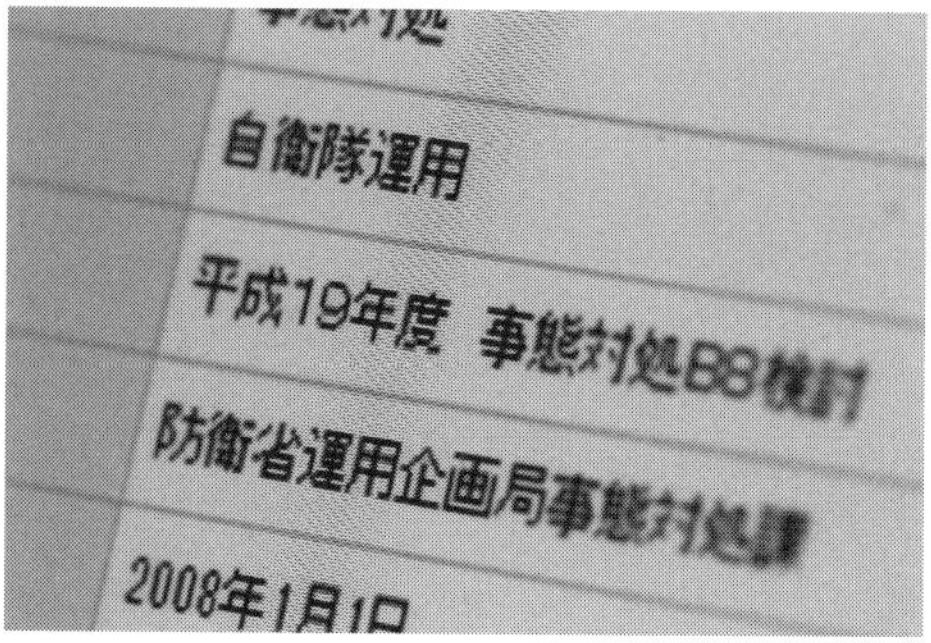


「平成19年度　事態対処Ｂ８検討」と表記された「あたご衝突事故」のファイル名

ているケースだ。

たとえば、航空自衛隊北部航空方面隊作成の「運用一般（10年）（A）」という名称のファイル。ここには「イラク人道復興支援」に関する文書がつづられていた。

空自によるイラクの人道復興支援とは、03年の米国とイラクの開戦後、クウェートを拠点に行った空輸活動だ。実際の活動は米兵の輸送が多く、復興支援というより米軍への支援という性格が強かった。「米兵のタクシー」とやゆされ、名古屋高裁も08年4月、多国籍軍の兵士をクウェートからバグダッドへ空輸する活動について「戦闘行為に必要不可欠な後方支援を行っており、他国による武力行使と一体化した行動」と指摘した。そのうえで、武力行使を禁止した憲法9条、活動地域を非戦闘地域に限定したイラク復興特別措置法に違反するとの判決を出している。こうした自衛隊の活動記録の存在が外部からわからない状態にされていることになる。

陸上自衛隊衛生学校の「注研究（1年）」というファイルも同じだ。リストの補足説明によると、「南スーダン派遣施設隊（第8次要員）に係る教訓要報」に関する文書が入っていた。

ここにある第8次要員は15年、国連平和維持活動（PKO）として、内戦勃発《ぼっぱつ》後の緊張が続いていた南スーダンでインフラ整備などに当たった。「教訓要報」は、派遣部隊の報告にもとづいてつくられ、現地で発生した具体的な事案やくみとるべき教訓などが記載されたものだ。日報問題に火をつけたジャーナリストの布施祐仁氏は、第5次隊の「教訓要報」の記載内容から、南スーダンが危険な状況にあったことに気がついたとされる。それほど重要な記録の関連文書ですら、ファイル名ぼかしによって国民の目から遠ざけられているのだ。それは、国の安全保障や人命にかかわる自衛隊の活動が、検証できない状態にされていることにほかならない。

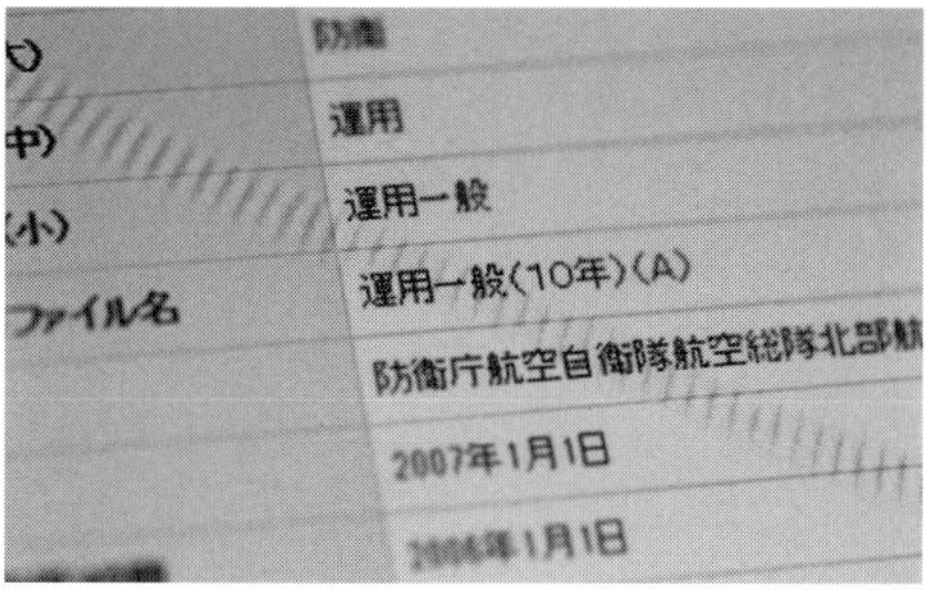

名称が「運用一般（10年）（A）」とされたファイル。中身はイラク人道支援関連の文書だった。

わたしたちは、Xの証言から、少なくとも4万件のファイルの名称が抽象的にされていることを確認できた。

「わたしは、このファイルの名称の抽象化問題から、今の防衛省、自衛隊のひどい文書管理の実態がよくわかると思ったのです」

Xはそう言って続けた。

「公開しても問題のない情報ですら、できるだけ外部に出さないようにする雰囲気を職場で感じます。情報公開請求に対応するのが、めんどうなのです」

職員は情報公開請求を受けると、期限内に請求内容に合致する文書を探し、存在すれば内容を吟味《ぎんみ》して、開示するか、不開示にするかの判断をしなければならない。そのプロセスのなかでは、上司や上級部署への報告やほかの部署との調整、書類づくり、請求者への連絡など雑多な事務作業が生じる。対象文書が多ければその対応作業だけに何週間もかかりきりになることもあるという。開示請求は1件当たり300円の手数料を払えばできる。このため、職員の業務をさまたげる開示請求を「300円テロ」と呼ぶ防衛省幹部やOBもいる。

Xの考えはちがう。

「確かに情報公開請求に対応する作業は大変です。しかし、それは法律で定められたことなのです。めんどくさいという理由は通用しない。本来なら、ファイル名をぼかして文書の存在を隠すのでなく、存在を明らかにしたうえで、公開できないなら、その理由を説明し、非公開の手続きをとるべきなのです。それが筋です」

「存在しない」とされた日報が見つかった自衛隊イラク派遣日報の問題では、ファイルの名称が抽象的だったため発見が遅れた可能性があると指摘されている。日報が入っていたファイルのひとつに「教訓業務各種資料」というあいまいな名称がつけられていたからだ。

Xはため息をついた。

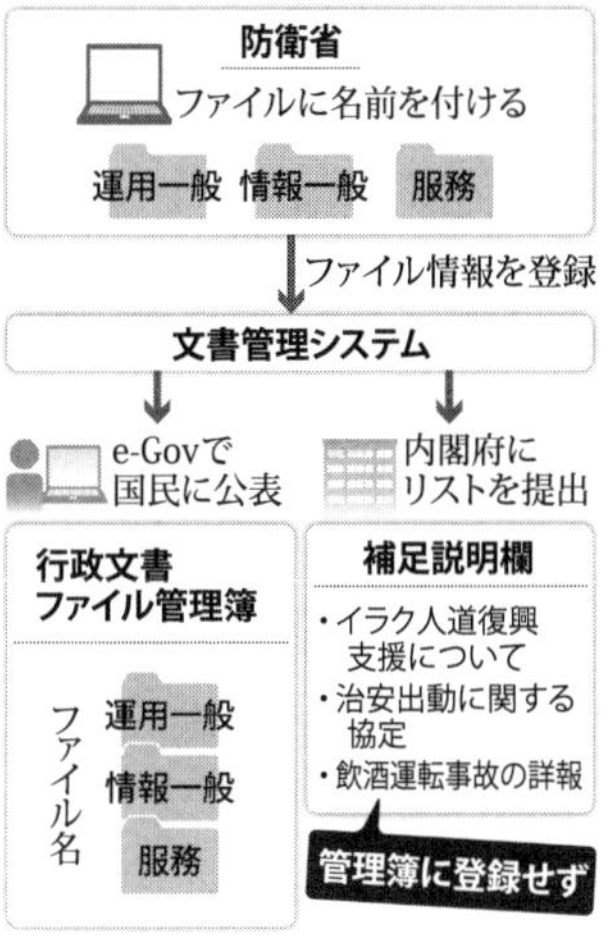


行政文書ファイル登録の流れ

「職場にある実物のファイルの背表紙にも、イーガブで公表される名称が書かれています。抽象的な名称は職員にとっても不便で、必要な文書がどこに保管されているのかわからなくなるのです。公開を避けるための小細工が、ずさんな文書管理の温床《おんしょう》にもなっています。まるで笑い話です」

こうした文書管理の問題の根源はどこにあるのだろうか。

Xはめずらしく語気を強めた。

「防衛省と自衛隊では文書管理の仕事は『こんなの本来業務じゃない』『おれたちのやる仕事じゃない』と軽んじられています。幹部は下に任せきりで、ルールも実務もまったく知らない。興味もないから、知ろうともしません。日報問題で隠ぺい体質とずさんな管理があれほど批判されたのに、少なくともわたしが見る限り、本気であらためようと思っている職員は一人もいません」

わたしたちは2018年5月13日の朝刊でファイル名ぼかしの問題を報じた。Xの証言をヒントに取材を始めてから半年がすぎていた。

**防衛省　抽象ファイル名　イラク支援↓「運用一般」**
**南スーダン派遣↓「研究」　職員「公開請求逃れ」**

防衛省が保管する多くの公文書ファイルが、インターネットで公表される目録に抽象的な名称で登録され、国民が検索しづらい状態になっていることが毎日新聞の取材で明らかになった。イラク復興支援に関するファイル名を「運用一般」とするなど抽象化されたファイルは2016年度分で約4万件に上る。公文書管理法のガイドラインは国民に分かりやすい名称をファイルに付けるよう定めているが、その趣旨に反する実態が放置されている——

## 犯人捜し

その5日後の5月18日の朝。わたしたちは東京・市ケ谷の防衛省に向かった。小野寺五典防衛相の定例記者会見で、ファイル名ぼかしの問題についての見解を聞くためだった。

小野寺氏はこう答えた。

「わたしどもとしては、内部での文書という考えから、自分たちがわかりやすいという形でのファイルになってしまっていたのではないかと思います。やはり外部のみなさまが、内容がわかるような名称に改善する必要があると考えております。5月15日でありますが、できる限りわかりやすい名称に是正《ぜせい》するよう通知し、規則にのっとった適切な文書管理を行うよう、文書を発出いたしました」

ファイル名ぼかしの記事は国会でもとり上げられた。小野寺氏は5月25日の衆院安全保障委員会で、赤嶺政賢《あかみねせいけん》議員（共産）の質問にこう答えた。

「委員がご指摘された新聞記事、わたしもこれを読みました。そして、たとえば、文書ファイルが非常にわかりにくくなっている、抽象的なファイルになっているということ、これは、わたしどもも十分受けとめるべきご指摘だと思いました。わたしはこの記事を読み、担当者に、しっかり、わかりやすい形で改善をさらにするよう指示をいたしました。また、その報道のなかにあるような、何か（隠ぺい目的のような）意図的なことがあったということがありましたら、これは大変重大な問題だと思っております」

小野寺氏のすばやい対応には驚いた。省庁の問題を記事にして指摘しても、あいまいな答弁でごまかされるケースがほとんどだからだ。Xの勇気ある証言が防衛省を動かしたともいえた。Xも喜んでくれているだろうと思ったが、続く赤嶺氏と防衛省の高橋憲一官房長のやりとりを聞いて、そんな思いは吹き飛んだ。

高橋官房長が「ファイル名ぼかし」の実態を証言したXを特定するための調査を開始したと明かしたからだ。

赤嶺氏がこの調査にかみつく。

「なぜこんなことまで調査する必要があるんですか。これでは犯人捜しをやっていることになりませんか。職員が述べているのは、公文書管理にかかわる法令や規則への違反についてです。

わかりやすい名称を付すことが義務づけられているにもかかわらず、それに反する実態があるという、いわば公益通報ですよ、これは」

小野寺五典防衛相（当時）

防衛省は、職員が記者から取材を受けた場合に上司らに報告するよう規則で定めている。今回の調査の名目は、その報告義務違反があったかどうかの確認ということだった。

だが、小野寺氏が発出したと言った5月15日の通知文にはこう書かれている。

「取材対応した内容の報告が上司らになされていなかったとすれば、規則徹底の事務連絡に反するものであり、看過《かんか》できない」

赤嶺氏の言うように「犯人捜し」を意図しているのは明白だ。

高橋官房長は赤嶺氏にこうも説明した。

「今回の場合につきまして、われわれとしては、わかりにくいファイル名をつけるということは、われわれの規則上あってはならないことだと思ってございますので、仮にこのようなことを説明した人間がいるのであれば、どういう背景、どういう意図、どういう状況のなかでそういう話をしたのかということもきちっと把握をしたうえで、正しい広報をする必要があると思ってございますので、その状況の把握のためにこのような（調査の）通知を出したところでございます」

Xがファイル名ぼかし問題の改善を内部で進言したら、防衛省は問題を公表するなどの「正しい広報」をしたり、改善に乗り出したりしただろうか。わたしにはそうは思えなかった。

Xは自分が捜されていると知っておびえているのではないか。連絡を入れると、Xは平然と言った。

「調査の通知が出ているのは知っています。ただ、まったく問題ありません。特定されて処分されたら、表に出て文書管理の実態をしゃべってもいい。そうなって困るのは、通知を出した彼らのほうです」

Xは風変わりな人物だ。プライベートのことは語らず、ほとんど笑わない。わたしに話すことといえば、公文書の管理に関することばかり。はじめからそれしか話さないと決めているようにも見えた。規則や実務に精通しているから、どんな質問に対してもすらすらと答えが返ってくるが、守秘義務に触れるような内容になると口をつぐんでしまう。それでも、わたしにとってはいつの間にか公文書管理の「先生」のような存在となっていた。

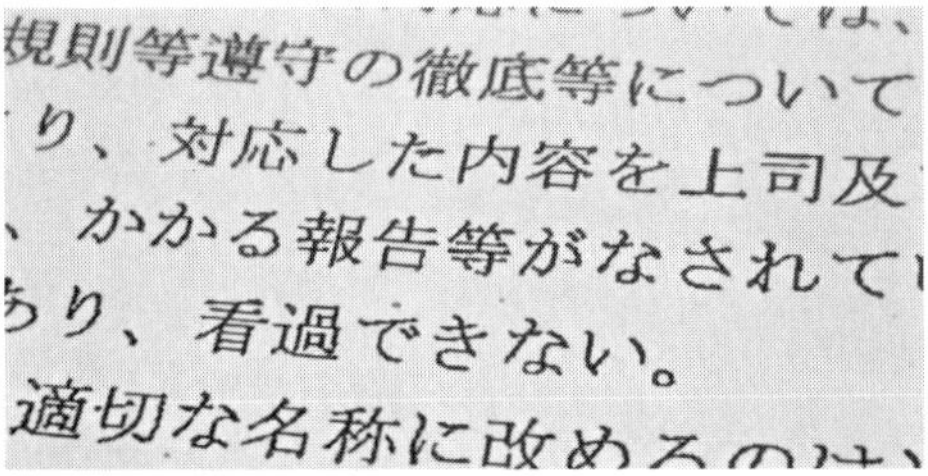
規則等遵守の徹底等について
り、対応した内容を上司及
、かかる報告等がなされてい
ちり、看過できない。
適切な名称に改め

抽象的なファイル名の是正を指示した防衛省の通知文。「犯人捜し」の指示も書かれていた。

わたしたちの次のテーマは、「ファイル名ぼかし」が防衛省以外の省庁に広がっているかどうかを解明することだった。イーガブを使って調べると、複数の省庁のファイルに、抽象的で意味不明な名称がつけられていることがわかる。一定数、「ぼかし」が存在しているのはまちがいない。

しかし、防衛省のファイルを調べたときのように省庁の「レコードスケジュール」を開示請求してみたが、名称が抽象的だとして「補足説明」を書き込んでいるケースはほとんどなかった。問題のファイルが本当に少ないのか、単に補足説明を書き込んでいないだけなのかもわからない。この手法が使えないとなると、取材は行きづまってしまう。

このときも、Xのヒントが、わたしたちの取材を先に進めることになる。

Xによると、国立公文書館から防衛省に「ファイルの名前が抽象的で内容がわからないから、どんな文書が入っているのか教えてほしい」という照会が来ることがあるというのだ。

国立公文書館は、保存期間が満了した公文書ファイルをチェックしている。省庁が廃棄する前に、捨ててはいけない重要なファイルが含まれていないか調べる役割を担っているのだ。ファイルは全省庁で2000万件近くもある。公文書館の職員たちは、ファイルの中身をひとつずつチェックできないため、ファイルの名称を頼りに判断するしかない。このため、抽象的なファイル名を見つけると、各省庁に内容を教えてほしいと照会しているのだ。

つまり、公文書館が照会した件数がわかれば、全省庁の抽象的なファイルの実態が見える。わたしは後藤豪記者と公文書館を取材することにした。

後藤記者はスクープ合戦の激しい大阪社会部などでもまれ、ねばり強い。公文書館の職員と何度もやりとりするうちに、抽象的な名称のファイルが膨大にあることや、公文書館の職員たちが省庁への照会作業に忙殺され、四苦八苦している実態が見えてきた。さらに、公文書館が16年度からそうした省庁への照会件数を集計していることも突き止めた。

それによると、照会の件数は、16年度は11万6843件、17年度は8万4277件にのぼっていた。

国立公文書館

2カ年度分をあわせた照会件数は20万件を超えている。省庁別の内訳を見ると、防衛省の10万8080件が最多で、厚生労働省（1万5874件）、財務省（1万3238件）、国土交通省（1万1769件）、農林水産省（1万568件）と続く。照会先は、公文書館がチェック対象としている40省庁のうち39省庁におよんでいた。ファイル名ぼかしはすべての省庁に広がっているといっていい。公文書館のスタッフは少なく、照会できる件数には限界がある。名前をぼかされたファイルはおそろしい数になるはずだ。

それにしても、ファイル名ぼかしは、いつ、どのようにして始まったのだろうか。わたしたちは、取材を進めるなかで、その一端を知る職員らと出会うことになる。

ある省の元職員の証言は衝撃的だった。

「抽象的なファイル名にして内容をわかりにくくする作業を、わたしたちは『丸める』と呼んでいました」

この元職員によると、文書管理を担当する部署から、内容をぼかした名称を例示され、それを参考にファイル名をつけていたというのだ。具体的な会議名が書かれていたファイル名を「会議関係資料」とあらためることもあったという。

「名称からファイルの内容が推測されると開示請求されやすくなるという警戒心がありました。開示した情報をもとに批判の的にされることをおそれたのです」

「丸める」作業をしたのは、01年の情報公開法の施行前後だったという。

前述したように、ファイル名は「行政文書ファイル管理簿」と呼ばれる電子システム上の目録に登録され、「イーガブ」で公表される。この仕組みは、情報公開法の施行令などにもとづき01年4月に始まった。国民が情報公開制度を利用する際に役立つと考えられたからだ。だが、当時の霞が関では、別の受けとめかたが広がっていたという。

情報公開制度の導入時に準備作業にたずさわった厚労省の職員はこうふり返った。

「あのころ、これから情報公開請求がどんどんやってくるぞと、省内は戦々恐々としていました。請求をなんとか回避しなくてはいけないということで、苦肉の策として始まったのが、フアイル名を抽象的にすることでした。職場の方針だったのです。あれから20年近くになりますが、抽象的にされたファイルの名称は、長期にわたって踏襲《とうしゅう》され、今や変えられなくなっています」

国民の知る権利を保障する情報公開制度がスタートと同時に骨抜きにされていたことになる。しかも、それは省庁内で組織ぐるみで行われていたのだ。

小谷允志・記録管理学会元会長

わたしは、公文書管理のシステムや海外の事例についてくわしい「記録管理学会」の小谷允《まさ》志《し》元会長に意見を求めることにした。小谷氏はこう警鐘を鳴らした。

「公文書のファイル名抽象化には三つの重大な問題があります。

ひとつは、国民が情報公開請求時に適切な文書を選択できず、説明責任がはたせなくなること。次に官庁の職員自身が文書を見つけられず、効率的な行政運営ができなくなること。そして、国立公文書館へ移管すべき文書が見落とされ、国家の歴史が残らなくなるという問題です。こうした問題を防ぐためには、公文書管理の先進国のように文書管理の専門職員を配置すべきでしょう。日本では歴史的な公文書の管理を担う『アーキビスト』が少なく、行政機関で使用中の文書の管理を担う『レコードマネジャー』はまったくいない。専門職員の養成と各省庁への配置を進め、一般職員が日常的に支援を受けられる体制をつくるべきです」

わたしたちは2018年8月5日の朝刊で、ファイル名ぼかしが霞が関全体に広がっていることを報じた。

---

**文書名ぼかし 39省庁に　内容照会20万件　国立公文書館**

歴史的価値のある公文書の選定や保存を担う国立公文書館が、文書の保存価値を判断できずに省庁に内容を照会したケースが2016～17年度の2年間で20万件超に上ることが、同館への取材で判明した。照会先は39省庁に達した。省庁が国民向けに公表している文書ファ

---

イル名が抽象的なためだ。専門家からは改善を求める声が上がるが、「情報公開請求を避けるために抽象的にしている」と証言する職員もおり、省庁の意識改革が求められる――

その5日後の8月10日、公文書管理を担当する梶山弘志《かじやまひろし》・行政改革担当相の定例記者会見に参加した。わたしたちがファイル名ぼかしについての見解を問うと、梶山氏は「大きな課題だ」と認め、全省庁の担当者への研修を通じて解消を図る方針を明らかにした。

梶山氏は「説明責任の観点から、より一層適正な公文書管理を徹底していく必要がある」とも表明した。ファイル名ぼかしが「情報公開請求を回避する目的」だという指摘については、「そういう指摘がないように取り組んでいく」と述べた。

だが、あくまでも研修を通じて解消すると言っただけで、現に存在している多数の抽象的なファイル名を書きかえさせる指示を出すことはなかった。

イーガブを検索すると、今も抽象的な名称のファイルは見つかる。国民をあざむくファイル名ぼかしの問題は事実上、放置されている。

# 第三章　記録を捨てた首相

これまでの取材で、官僚たちが電子メールを公文書としてあつかわなかったり、ウェブで公表される公文書ファイルの名前をわざとぼかしたりしていることがわかった。

官僚たちに公文書は国民に公開されるべきものだという意識はほとんどない。むしろ、国民の目から隠すものだという意識が浸透している。そう思わざるをえなかった。

わたしは不安になった。霞が関がこんな状況で、国のトップである首相の記録が、きちんと残されているのだろうか、と。首相は国民の運命を左右する意思決定を行う。その記録は国の歴史そのものだ。最も重要な公文書としてあつかわれていなければならない。首相の記録がどのようにあつかわれているかがわかれば、日本の公文書管理の本質のようなものが見えるかもしれないとも思った。

わたしは松本惇記者と首相の記録管理の実態を調べることにした。松本記者は警視庁捜査1

課担当や経済誌編集など幅広い経験をもつゼネラリスト。それだけにインタビューがうまい。

まずは、首相経験者への取材だ。細川護熙《もりひろ》氏、森喜朗氏、小泉純一郎氏、野田佳彦氏――らから次々と断りの返事が届く。森元首相は「むかしをふり返ってもしょうがないでしょ。役人に聞けばいいじゃないか」と言った。こうしたなかで応じてくれたのが、鳩山由紀夫元首相だった。

鳩山由紀夫元首相

鳩山氏は２００９年８月の衆院選挙で民主党代表として初の本格的な政権交代をなしとげ、同年９月16日から10年６月８日までの２６６日間、首相を務めた。12年に政界を引退したあとも、海外の要人らとたびたび会ったり、ツイッターに物議をかもすコメントを投稿したりするなど、何かと話題をふりまいている。

鳩山氏が公文書管理に関する取材に応じたのには理由があった。

首相在任中、最も熱を入れたのが、沖縄県宜野湾《ぎのわん》市の米軍普天間《ふてんま》飛行場の移設問題だった。移設先を、自民党政権下で決められた同県名護市の辺野古《へのこ》ではなく、県外で見つけることを目指したのだ。「最低でも県外」と国民に約束し、期限を切って移転先を探した。だが、結局、断念に追い込まれ、それが主な原因で退陣することになる。

鳩山氏によると、県外移設を断念する決め手となったのが、外務省幹部らから受けた説明だったという。鳩山氏が取材を通じて訴えたかったのは、この説明によって自分がだまされた可能性があるということだった。しかも、その証拠となる公文書を首相退任時にもち出して手元に残しているというのだ。

取材は、首相官邸のすぐ裏手にあるビルの一室で始まった。

わたしたちはまずその文書を見せてもらうことにした。

うすい緑色で、少し厚手の上質な紙だ。右上には「極秘」の文字。その下に「10部の内10号」と記されている。10部しかつくられておらず、番号からだれにわたされた文書かがわかるようにされているのだ。よく見ると、「複写厳禁」の文字がコピーした紙に浮かびあがる仕掛けまでほどこされている。ここからも、ごく一部の政府高官しか見ることができないよう厳重に管理されていたことがわかる。これが首相が官邸内で目にする「極秘文書」なのだろう。

文書にある日付は、鳩山氏が「県外移設」の断念を表明する約1カ月前の10年4月19日。この日、官邸の首相執務室に外務省幹部らがやって来て、この極秘文書にそった説明を受けたという。

わたしたちは文書の文面に目を走らせた。

タイトルは「普天間移設問題に関する米側からの説明」。その内容の概要はこうだ。米軍のマニュアルに、「ヘリ部隊の拠点と訓練場所との距離を65海里（約120キロ）以内」とする基準がある。そのころ鳩山氏が移設先の最有力地として考えていた鹿児島県・徳之島は、訓練場のある沖縄本島から約200キロ離れている。マニュアルの基準にてらせば、

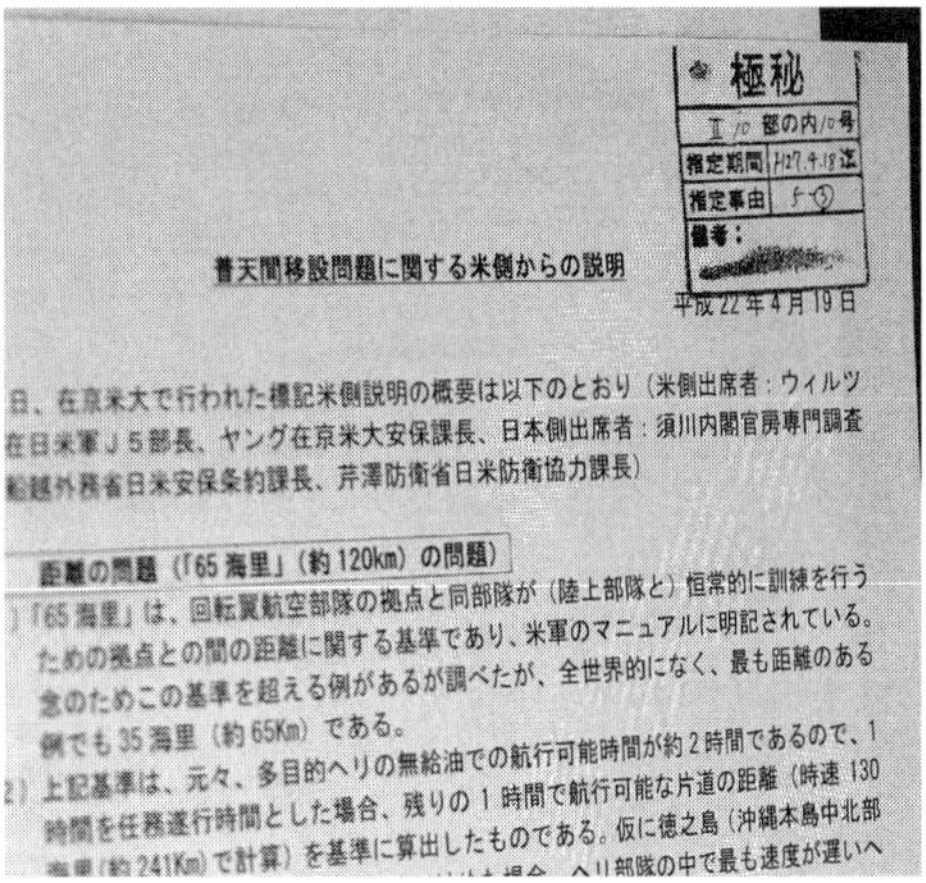
極秘
Ⅱ/10 部の内10号
指定期間 H27.4.18迄
指定事由 5-③
備考：[redacted]

普天間移設問題に関する米側からの説明

平成22年4月19日

日、在京米大で行われた標記米側説明の概要は以下のとおり（米側出席者：ウィルツ
在日米軍J5部長、ヤング在京米大安保課長、日本側出席者：須川内閣官房専門調査
船越外務省日米安保条約課長、芹澤防衛省日米防衛協力課長）

距離の問題（「65海里」（約120km）の問題）
）「65海里」は、回転翼航空部隊の拠点と同部隊が（陸上部隊と）恒常的に訓練を行う
ための拠点との間の距離に関する基準であり、米軍のマニュアルに明記されている。
念のためこの基準を超える例があるか調べたが、全世界的になく、最も距離のある
例でも35海里（約65Km）である。
2）上記基準は、元々、多目的ヘリの無給油での航行可能時間が約2時間であるので、1
時間を任務遂行時間とした場合、残りの1時間で航行可能な片道の距離（時速130
海里（約241Km）で計算）を基準に算出したものである。仮に徳之島（沖縄本島中北部

鳩山由紀夫元首相の事務所に保管されていた「普天間移設問題に関する米側からの説明」と題された文書。「極秘」のスタンプが押されている。

徳之島は移設先としてふさわしくない――というものだった。

鳩山氏は、わたしたちが内容を理解したのを見てとると、ゆっくりとした口調で話し始めた。

「当時、唯一残されている徳之島への移設案に対して、わたしはまだあきらめきれずにいました。そのときに、ある意味で最後《さいご》通牒《つうちょう》じゃないですけど、外務省と防衛省の幹部が『それは不可能だ』と日米の作業部会で出したという結論をもってこられたわけです。さすがに、これにはしたがわざるをえないだろうという判断をしてしまいました」

徳之島では、日本の安全保障を担う米軍の訓練に支障が出て、機能低下をまねいてしまう。米国との関係悪化も避けなければならない。鳩山氏はそう思ったのだ。

「それまで、外務省と防衛省は、わたしの側に立ってアメリカとの交渉をがんばってくれていました。その結果、こういうふうな結論を出された。『わかった、しょうがないな』ということで、わたしは『辺野古回帰』はやむなしと決めた。ただ、辺野古になった場合に、その環境に配慮して、建設予定地の海が汚れないようにしたい。そういうやりかたがないかという方向に変わっていったのです。ただ、それは『最低でも県外』を失う瞬間でもあったのです」

そこまで言うと、鳩山氏は唇をかんだ。

「ところがです。米軍のマニュアルに本当にそんな基準が書いてあるのかどうか、川内博史君（衆院議員／立憲民主）が調べてくれた。そしたら、米軍は『そんなマニュアルはない』と言ったそうなのです。信じたわたしが悪かった」

川内博史氏は18年11月1日の衆院予算委員会で、この問題について河野太郎外相とやりあっている。

川内氏「65海里という距離を明示したマニュアルが米軍の内部にあるかどうかというのは、以前、外務省に外交ルートで確認してくださいとお願いをして、回答をいただいております。その回答は、『そのようなマニュアルの存在は特定できない』というのがアメリカ政府の答えであるということでよろしいですね」

河野外相「（川内氏が問い合わせた）基準の形式と詳細については、米軍の運用に関するものであり、米側として回答できないとの回答をいただいております」

アメリカ政府はマニュアルが「ある」とも「ない」とも言っていないということだ。

「こんなマニュアルはないから、（米側は）『回答できない』とか、よくわからぬことを言っているわけですね」

そう食い下がる川内氏に対し、河野氏はこう返した。

「この文書の内容は当時の日本政府の基本的な理解と一致をしておりますので、わたしはこの文書が外務省におそらくあるんだろうと思いまして、ずいぶん丁寧に探させました。すべてのファイルをひっくり返して見ろということをずいぶんやりましたが、いまだに見つかっておりません。そこで、（文書に名前が）出ている人間を呼んで、実際にこの文書を作成した記憶があるかということを聞きました。このような内容の文書はおそらく外務省でつくったんだろう、しかし、この文書そのものをつくったかどうかは記憶にないということでございます」

河野氏は「極秘文書」を事実上、本物だと認めている。これは首相が国の安全保障に関する重大な決断をする決め手となった公文書なのだ。にもかかわらず、外務省内で見つからなくなっているとさらりと言ってのけたのだ。

鳩山氏は外務省のこうした対応に怒りがおさまらないようだった。

「この極秘文書がですよ、1部しかないというのはありえない。だって、文書の上に『10部の内10号』って書いてあるでしょ。少なくとも10部はあるわけですよ。だから外務大臣とかいろんなところに行っているわけでしょ。その最後のやつを総理大臣にくれているってことなんです。絶対役所がもっています。だから、ないわけないんです。どう考えても」

語気を強める鳩山氏の姿を見ながら、首相の記録が官邸や省庁できちんとあつかわれているのか不安になった。この「極秘文書」のような公文書は、国の歴史にとって最も重要な記録のひとつと言っていいだろう。それが時の政権の都合で闇に葬られてしまうのは許されることではない。

興奮し始めた鳩山氏を見て、話題を変えることにした。

首相の記録管理の実態についてだ。そもそも、首相が官邸内で日々目にする公文書とはどのようなものなのだろうか。

「そうですね。総理の部屋に官僚がレクチャーに来るときは、だいたいペーパーをもってきますね」

鳩山氏は首相時代のことをふり返り始めた。

「たとえばですね、外務省からの文書が毎日、山のように来るわけですよ。ほとんどが大した話じゃないんだけど、外務省から派遣されている総理秘書官が毎日のようにやってきて、厚さ1センチぐらいある資料を見せながら、世界のいろんなところで何が起きたかを説明してくれるんです。いろんな大使館から来ている資料で、これは総理に伝えたほうがいいと思うようなものだけをえりすぐったものです」

こうして各省庁からわたされる資料を官邸のとなりにある居住用の公邸にもち帰り、自分自身でファイルボックスに分類して管理していたという。

「『極秘』と書かれている文書がどれぐらいあったかというと、そんなに多くはなかったと思いますけど……」

そう言うと、おもむろに立ち上がり、部屋の隅にあるキャビネットの扉を開けた。ファイルボックスやファイルが100冊ほど並んでいる。背表紙に、省庁名や北朝鮮、サミット、国連

——などと書かれている。首相だったころに使っていたものだという。

このなかに、首相が目にした第一級の資料が山のように入っているのだろうか。息をのむわたしたちに、鳩山氏は申し訳なさそうに言った。

「在任中にファイルに入れていた資料はほとんど残っていません。捨てましたから」

鳩山氏はわたしたちの落胆を見てとると、再びソファに腰かけ、捨てた経緯を話し始めた。

文書を見返す、鳩山由紀夫元首相

「在任中は、総理としての記録をきちんと残しておこうという思いはありました。あったんですけど、ああいう形でやめることになったものですから、やっぱり気分的にはおもしろくなかった。(退陣して官邸と公邸を)出るにあたって何か資料を後生大事にごそごそ持って帰るっていうのも、いかがなものかという思いがして、かなりの書類を公邸で破棄しました。1人でシュレッダーを使ってですね」

普天間飛行場の県外移設の断念、自身の「政治とカネ」の問題など、世間の批判が高まるなかでの退陣だった。追いつめられた鳩山氏は首相の座を明けわたす直前、公邸内でファイルから大量の書類をとり出し、たった1人でシュレッダーにかけ続けたというのだ。すごい光景だと思った。鳩山氏が当時感じていた首相としての重責やプレッシャーの大きさ、そして、すさまじい孤独が伝わってくるようなエピソードだ。


そのときのことがよみがえったのだろうか。鳩山氏がつらそうな表情を浮かべた。

「特に普天間の問題で沖縄のみなさんに迷惑をかけたのが結論ですから、そのことに対しては、自分自身としてはあまり記録に残しておきたくないという気持ちがあったように思います。まずい記録だから捨てたわけじゃないんです。とにかく、普天間で、辺野古で失敗して、こういうことになってしまったんで、早く『普通人』になろうって思ったのかもしれません」

鳩山氏は、時折見せるそのとっぴな言動から「宇宙人」と呼ばれることがあった。「普通人」と言ったのは、感傷的になってきたインタビューの雰囲気を変えるためのジョークだったかもしれない。だが、その目は笑っていなかった。

しばらく沈黙が続いたあと、廃棄してしまったことへの後悔を口にした。

「わたしは今でも辺野古移設を断固阻止《そし》しなきゃならんという思いで行動しています。沖縄の問題は、総理時代に一番やりたくてやれなかった問題だからです。普天間移設関係の資料も、省庁には残されているだろうと、かなり破棄してしまったんですけど、もう一度読み返してみたい気持ちはあります。でも、普天間の問題で一番キーになる公文書でさえ見つからないというんですから、ほかの文書がしっかり残されているのかわからないですね」

そして、こうこぼした。

「わたしの捨てた書類のなかには、本当は捨ててはいけないものもあったかもしれません。ただ、そうした指示は官邸からはいっさいありませんでした」

それは、首相が保有する公文書を保存するルールがないことを意味していた。

わたしたちは2018年12月30日の朝刊でこう報じることになる。

**鳩山氏 普天間県外移設資料を自ら裁断 ルールなき首相公文書 省庁、保存せず 散逸の恐れ**

鳩山由紀夫元首相（2009年9月～10年6月）が、在任中に自らが保有していた公文書の大半を退任直前に廃棄したと毎日新聞の取材に証言した。沖縄県・米軍普天間飛行場の県外移設問題などに関する一部の文書は個人事務所や自宅に持ち出したものの、政権の全貌が分かる記録は残っていないという。鳩山氏は「作成元の省庁が保存していると思い捨ててしまったが、省庁で見つからなくなっているものがある」とも証言する。首相が退任する際に公文書を保存するルールはなく、廃棄や散逸の危険にさらされている――

## 「福田提言」

首相が在任中に保有する公文書はどう管理されているのか。官邸の記録管理を担当する内閣総務官室に取材を申し込んだが、「個別の取材は受けない」とつれない返事しか返ってこなかった。

わたしたちは、東京・赤坂にあるマンションに向かった。福田康夫元首相に会うためだ。

福田氏は07～08年の首相在任中、公文書管理法の制定を主導したことで知られている。父、赳夫《たけお》氏（元首相）の秘書だったときに、地元・群馬県前橋市内の終戦直後の写真が米国の国立公文書館で保管されているのを見て、公文書管理の重要性に関心をもったとされている。公文書管理に最もくわしく、思い入れのある政治家であることはまちがいない。

事務所の応接室で待っていると、執務室から福田氏が外国人の来客と英語で快活に話す声が漏れてきた。12年に政界を引退したものの、各方面で精力的に活動している。その発言は今でも永田町で一定の影響力があるとされている。

「えっと、何の話だっけ？」

茶色い革の椅子に腰かけた福田氏は、めがねのレンズごしに、向き合ったわたしたちを見すえた。わたしたちは、福田氏が首相の記録を保存するルールが必要だと発言していることを耳にしていた。なぜそう思うのか。インタビューはその真意を聞くところから始めた。

「ルールをつくらないと保存しないからだよ」

福田氏は間髪を入れずそう答えた。

首相の意思決定に影響をおよぼす文書には、省庁幹部からレクチャーを受けるときにわたされる資料などがある。鳩山元首相の「極秘文書」がその典型だ。そうした資料は本来ならルールがなくても作成元の省庁に残されているはずだ。

「そのとおりだ。大半は各省庁にある。ただし5年、10年前のものを出してくださいとお願いすると、各省庁は探さないといけない。ところが、保有先は多くの関係部局に分散し、しかも総理の記録としてではなく政策など案件ごとに分類・管理されている。探して集めるのはひと仕事だ。保存期間をすぎて残っていないこともありえる。集めるのではなく、在任中に自動的に（特定の場所に）集まる仕組み、つまりルールをつくっておいたほうがよい。そういうことだよ」

公文書管理法では、公文書は政策ごとにファイリングして保存することになっている。このため、首相の指示などの記録が分厚いファイルのなかに埋もれ、ときがたつにつれ存在すら忘れ去られてしまうということだ。

「日本の場合、首相が代わると総理執務室内の書類はいっさい残さず、からっぽにして次の総理に引きわたすという慣習がある。総理のなかには、自宅や事務所にもち帰る人もいる一方で、一銭の価値もないと思って捨ててしまう人や、だれかがきっともっているだろうから、いらないという人もいる。官邸に複数いる総理秘書官が保存していればいいが、そういう約束ごともないんだ」

官邸に「総理交代時に執務室をからっぽにして引きわたすという慣習」があるというのは、はじめて聞く話だった。退任するときに書類を捨ててしまう首相もいるというから、鳩山氏のケースはめずらしくはないのだろう。では、福田氏は退任時に保有していた記録をどうあつかったのだろうか。

「官邸のスタッフに『全部もって行ってください』『少しも残さないでください』と言われたから、段ボールに全部入れて事務所にもって行った。関係のある書類は役所を探せばあるかもしれないが、出てこないかもしれない。そう思うと、やっぱり残しておこうとなるね」

もち出した記録は、官僚からのレクチャー時に受けとった説明資料などだというが、福田氏は自身でもよくメモをとっていたという。

「官邸では政策の話をすることが圧倒的に多い。役所の幹部らが入れ代わり立ち代わりやってくる。だれに会ってどんな話をしたのか思い出せなくなるから、メモ用紙に備忘録的に日時や相手、中身を書きとめていた。特に外交問題では、あとで説明できなくなるといけないことがあるから、メモは自分を守る意味もあった。今も個人資料として残してある」

どんな資料を残しているのだろうか。

「いろいろありますよ。官房長官のときのほうが印象的なやつが多いな。事件が多かったからね」

福田氏は、森喜朗、小泉純一郎両政権の官房長官を00年から4年近く務めた。

「たとえば、イラク戦争（03年）の資料はある。米国とのやりとり、日本が開戦を支持し、自衛隊派遣にいたった経緯などがわかる。北朝鮮問題では小泉訪朝、拉致被害者の解放に関する記録もある。今でも秘密に類するものが含まれていると思う」

いずれも、日本の政治史にとって第一級の記録になるだろう。

福田氏は、手元で保管しているこれらの資料について、近い将来、国立公文書館に寄託することも考えていると明かした。それは歴代首相の記録管理に一石を投じる意味も込められている。

歴代首相が官邸からもち帰るなどした資料は、国立公文書館や国会図書館、全国各地の政治家個人の顕彰施設に寄託・寄贈されるなどし、分散している。管理や保存、公開の方法などもバラバラだ。福田氏はこうした状況について問題視しているのだ。

「総理の記録の最終的な保管先を、国立公文書館に一本化しておくことが極めて重要だよ。各省庁にある総理関係の資料も自動的にそこに行くようにする。そうすれば、総理に関する記録は残さなければいけないという意識も高まる」

そして、こんな〝構想〟を語り出した。

「もうひとつのアイデアとして、正確な記録を残すために、総理専属の『記録担当補佐官』というようなスタッフがいてもいいね。そうすれば、記録を残す体制はほぼ完璧になると思う」

「記録担当補佐官」の新設というアイデアはユニークだ。記事の見出しどころになる。

「現状では、総理や秘書官らが記録はだれかがもっているだろうとおたがいに依存し、ところが結果的にだれももっていないということもありえる。だから、記録担当補佐官は、番記者のように四六時中、総理の近くにいて、記録を収集したり、記録をとったりする役割をはたす。経済、外交、社会、安全保障など行政の中身がわかる人が適任で、基本的には官僚がよい。総理が責任をもってやってくれる人を自ら指定してもいいね」

そして、身を乗り出して質問するわたしの顔をマジマジと見て、笑みを浮かべた。

「なるべく総理大臣の近くにいてということになると、嫌なのに来られてもなあ。あなたなんかどうだろうなあ」

わたしは苦笑しながら、質問を変えた。米国の大統領の記録管理とのちがいについてだ。米国では、大統領の記録の保存・管理を義務づけた大統領記録法があり、ホワイトハウスのスタッフが記録の分類を担当している。記録は退任後、国の管理下におかれ、のちに大統領の名を冠した図書館などに保存されることになっている。日本の首相の記録管理も米国並みにすべきなのだろうか。

「米国は大統領が全権をもっているからね。日本は議院内閣制で、政治リーダーの意味合いが少しちがう。全部、米国と同じにとはいかない。日本らしいやりかたを考えたほうがいい。たとえば記録の価値判断は後世の人がやるから、何はともあれ残せというやりかたもあるだろう。だが、あまり強制的にやると、かえって残らなくなるおそれがある。この種の仕事は公務員の意識を高めることが大事なんだよ」

予定していたインタビューの時間は1時間。終わりの時間が迫っていたが、どうしても聞かなければならないことがあった。安倍首相へのメッセージだ。官邸主導の政治・行政を進める

首相の文書管理の意義について話す福田康夫元首相

安倍首相の政権運営は長期におよび、残すべき記録も多くなっているはずだ。一方で、安倍政権になってから、自衛隊の日報隠ぺいや財務省の決裁文書改ざんなど、公文書をめぐる不祥事が相次いでいるのに、本気になって取り組んでいるようには見えない。その安倍首相が自身の記録をきちんと後世に残すだろうか。

福田氏は何か思いをめぐらせたあと、ゆっくりと口を開いた。

「そうだね。公文書管理法にのっとってやってくれたらいいと思う。大臣や総理もきちんとした書類管理が大事。法律の枠組みのなかに自分たちもいるという意識をもたないといけない。ただ、総理が自ら文書を集めるのはむずかしい。総理秘書官に役所にある在任中の関係文書をすべて集めてもらうとか、やりかたはいろいろあると思うよ」

福田氏は、これまでも、記者会見やメディアのインタビューで安倍政権の論評を求められても、慎重に言葉を選んで発言してきた。このときもそうだった。ただ、インタビューの締めくくりとして、首相の記録はなぜ残す必要があるのかとあらためて聞くと、言葉に力が入った。
「日本は民主主義の国だからだよ。主権者の国民が正確な事実を知ることができるようにする義務がある。もうひとつは、日本のかたち、つまり歴史を残すことだ。歴史の解釈をめぐって後世の人がなるべく迷わないようにする。外国から見ても、日本はこういう国だとわかる証しになる。公文書はひとつひとつが石垣の石。それを積んで城ができる。総理の記録もひとつの石だが、ほかの石より少しだけ大きいということだね」

わたしには、この最後の言葉こそが安倍首相に対するメッセージのように聞こえた。

2019年1月20日の朝刊で、福田氏の提言をニュースとして報じることにした。公文書管理法制定を主導した元首相の提言はやはり重い。

**首相公文書「保存ルールを」　福田氏　退任後も自身で管理　記録補佐官の創設　提言**

首相が退任する際に公文書を保存するルールがなく、廃棄や散逸の危険にさらされている問題について、公文書管理法の制定を主導した福田康夫元首相（82）が毎日新聞の取材に応

——じた。福田氏は「日本の政治、行政のトップの記録は残して当然だ」と述べ、記録を残すルール作りと首相専属の「記録担当補佐官」の創設を提言した——

※

福田元首相が毎日新聞の紙上で提言した内容は、19年2月13日の衆院予算委員会でとり上げられることになる。

質問に立ったのは、西岡秀子衆院議員（国民民主）だった。

「先般、福田元総理が提言をされましたけれども、それは、安倍総理、（新聞記事を）お読みになりましたでしょうか」

西岡氏が切り出すと、安倍首相は「福田元総理の指摘を受けとめる」と言いつつ、こう応じた。

「政府としては、総理大臣が各行政機関から説明や報告を受けた際に用いられた資料のうち、公文書に該当するものについては、公文書管理法等の規定にもとづき、官邸で説明を行った各行政機関の責任において、国民への説明責任をまっとうすることができるよう、適切に、適正に管理するべきものと認識しているところでございます」

回りくどい言い方は、官僚につくらせた答弁だからだ。ようするに、首相の記録はこれまでどおり省庁の責任で残すべきもので、新たなルールをつくるつもりはないということだ。

西岡氏は話題を転じ、安倍首相自身が保有している資料の保存状況について聞いた。

安倍首相は「公文書に該当しない日記や手紙がある」と明かして、こう続けた。

「手紙は、わたし、けっこうとっているんです。外国の首脳、元首脳、その家族から個人的にいただく手書きの手紙というものもあります。ちなみに、わたし自身は、今現在は日記というものはつけておりません。どこかの段階でまたつけるかもしれませんが、今の段階ではつけていないということでございます」

以前書いていた日記や、外国首脳からの手紙を保有しているというエピソードは興味深いが、いずれも個人的な記録だ。裏を返せば、官僚からレクチャー時にわたされた説明資料などの公文書はいっさい保有していないと言っていることになる。この点、鳩山氏や福田氏が証言した首相保有の記録の実態とは異なっている。

西岡氏は、安倍首相のとなりに座っている麻生太郎・副総理兼財務相に視線を向けた。麻生氏は08年から1年間、首相を務めた。首相在任中のメモや資料を今はどう保管しているのか。西岡氏がこう聞くと、麻生氏がゆっくりとした動作で発言台に立った。

「わたしの場合はそういったものは残さないように努めていますので、ほとんど残したことはありませんし、日記というのをよく書かれる方がいらっしゃるんですけれども、えらい方の書かれた日記なんというのは、だいたい、のちの人に読んでもらいたいと思って本当のことが書いてあるかどうかわからない」

居並ぶ大臣たちが笑い声をあげた。麻生氏が続ける。

「わたしは基本的にそう思っていますから、書かないことにしていますし、書いたって、人はそう思って読むだろうと思いますので、そういったことはしないことにしております」

今度は議場がどっとわいた。

1年生議員の西岡氏は、緊張しているのか、質問はたどたどしく、どこか頼りない。それでも、福田政権が立案にこぎ着けた公文書管理法を最終的に成立させたのは、次の麻生政権のときだったと指摘して、公文書をめぐる相次ぐ不祥事をふまえた法改正が必要だと訴えた。

今度は安倍首相が発言台に立つ。先ほどと同じ答弁を繰り返したあと、首相専属のスピーチライターに基本的な考え方を書いてわたしたメモや、推敲《すいこう》の跡が残るスピーチ原稿などを一部残してあると明かしたうえで、人事をめぐるこんなエピソードを披露《ひろう》した。

「(記録については)人事を行う際にもいろいろと。たとえば、これはわたし(が推敲する)

というよりも、そういうことを推敲する方もおられるんだろう。そういうメモをしつつ共有する。しかし、それはそれでそれなりの史料的な価値というものはあるのかな、こう思うところでもあります」

派閥のボスらが閣僚候補者をあれこれ〝推敲〟して売り込んでくる。そのときのメモを残しているということだろう。安倍首相の後ろで、派閥のボスである麻生氏がおかしそうに笑った。

結局、西岡氏とのやりとりはかみあわないまま、うまくはぐらかされ、福田元首相の提言は聞きおかれただけだった。

# 第四章　安倍総理の記録

２０１７年8月3日。首相官邸で開かれた会見で、安倍首相がめずらしく神妙なおももちでこう語り出した。

「先の国会では、森友学園への国有地売却の件、加計学園による獣医学部の新設、防衛省の日報問題など、さまざまな問題が指摘され、国民のみなさまから大きな不信をまねく結果となりました。そのことについて、冒頭、まずあらためて深く反省し、国民のみなさまにおわび申し上げたいと思います」

この年の6月まで続いた通常国会では、いわゆる「モリ・カケ・日報」をめぐる問題を野党から厳しく追及され、安倍政権は支持率を大きく落としていた。国民の怒りをかったひとつに、三つの問題に共通していた「公文書隠し」があった。安倍首相は、この会見に先立ち、公文書問題への批判をかわすためにこんな発言をしていた。

「今回の国会審議において、公文書のあつかいについてさまざまな議論がありました。そうしたなかでこのことの重要性についてあらためて認識したところであります。政府としてはその重要性をふまえて、各行政機関における公文書管理の質を高めるため、不断の取り組みをしっかりと進めていく考えであります」（17年6月19日記者会見）

「公文書管理については、過去から現在、そして未来へと、国の歴史や文化を引き継いでいく貴重なインフラであり、行政の適正かつ効率的な運営を実現するとともに、現在と将来の国民への説明責任をまっとうするため極めて重要な制度であると認識しております」（17年6月16日参院予算委員会）

「公文書の重要性をあらためて認識した」「管理の質を高める」「現在と将来の国民への説明責任をまっとうする」――。わたしは安倍首相の言葉を聞きながら、その安倍首相の記録がきちんと残されているのかを調べなければならないと思っていた。

安倍首相は12年12月に民主党から政権を奪還してから、官邸主導の政治、行政を推し進め、安全保障法制の整備、消費増税、日米貿易協定など重要な法案や政策を次々と実現させている。

政権運営は長期におよび、残すべき記録は歴代の首相よりも多くなっているはずだ。一方で、自衛隊のＰＫＯ日報や森友・加計学園問題では、官僚たちが安倍政権にとって都合の悪い記録を隠したり、改ざんしたりしている。首相の記録がまともに残されているとは思えなかった。

だが、調べようにも、首相官邸は厚いベールに包まれている。

官邸の記録管理を担当している内閣総務官室は「個別の取材には応じない」と言って、わたしたちの取材の申し入れをこばんでいた。取材に応じない理由をたずねても答えもしなかった。

2017年８月３日、安倍晋三首相は神妙なおももちで会見にのぞんだ。(代表撮影)

しかも、首相は官邸内でひんぱんに省庁幹部と面談しているのに、官邸は首相がどの省庁のだれと、いつ、どんなテーマで面談したか公表もしていない。公表するのは、スポーツ選手や外国首脳、地方の観光大使らの表敬訪問など首相にとってＰＲになるような面談ばかりだ。

新聞に毎日掲載される「首相動静」(毎日新聞は「首相日々」)の欄には、首相が何時何分にだれと面談したかが記載されているが、これは官邸詰めの記者たちが官邸のエントランスで見張り、出入りする官僚らを一人ひとり確認して書いている。取材の努力の結晶なのだ。とはいえ、面談でどんなやりとりがあったのかまではわからない。出入りする官僚のすべてを把握しきれているわけでもない。

つまり、官邸内で首相と官僚がどんな話をして、何が決められているのかは外部からうかがい知ることができない。まさにブラックボックスとなっている。

## 「レク資料」と「打ち合わせ記録」

手さぐりの取材が続くなかで、鳩山、福田両元首相がインタビューで証言してくれた内容は貴重だった。2人の証言で共通していたのは、首相が目にする公文書に、官僚からレクチャーを受ける際にわたされる「レク資料」というものがあるということだった。官僚はレク資料にそって首相に説明する。首相はレク資料に書かれた内容をもとに判断を下す。そういう重要な記録なのだ。

鳩山氏が首相在任中、沖縄・米軍普天間飛行場の「県外移設」を断念する決め手となった「極秘文書」も、外務省がつくったレク資料だった。福田氏が退任時に大事だと思って段ボールに詰め込んでもち出した書類にもレク資料が入っていた。

まずは、安倍政権下でこの首相用のレク資料がきちんと残されているかどうかを確認しなければならない。

もうひとつ、レク資料とは別の重要な記録がある。首相が官僚と面談した際のやりとりを記録した議事録だ。首相面談は、単なるレクチャーの場ではない。首相の判断をあおぐためのものだ。説明を受けた首相がどんな判断を下したのかは、国の意思決定過程のなかで極めて重要な意味をもつ。それはレク資料には書かれていない。

しかも、17年12月に改定された国の公文書管理のガイドラインは、重要な打ち合わせをした場合、日時、参加者、主なやりとりの概要を記録するよう義務づけた。この「打ち合わせ記録」の作成義務は、安倍首相の友人に便宜《べんぎ》を図った疑惑がとりざたされた加計学園問題をきっかけに導入された。疑惑の検証に必要な省庁間の打ち合わせ記録が残されていなかったからだ。安倍首相本人も「ガイドラインを見直すことにより、各行政機関における公文書管理の質を高めるた

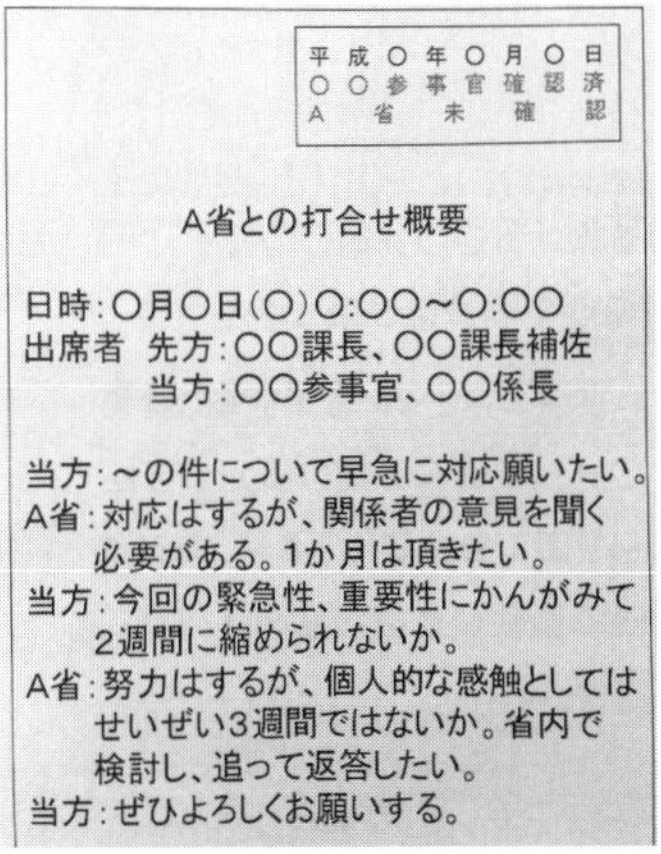
平成○年○月○日
○○参事官確認済
A省未確認

A省との打合せ概要

日時:○月○日(○)○:○○~○:○○
出席者　先方:○○課長、○○課長補佐
　　　　当方:○○参事官、○○係長

当方:~の件について早急に対応願いたい。
A省:対応はするが、関係者の意見を聞く必要がある。1か月は頂きたい。
当方:今回の緊急性、重要性にかんがみて2週間に縮められないか。
A省:努力はするが、個人的な感触としてはせいぜい3週間ではないか。省内で検討し、追って返答したい。
当方:ぜひよろしくお願いする。

公文書管理法を所管する内閣府公文書管理課が省庁に示した打ち合わせ記録の一例。日時、出席者、議事概要の記載がある。

めの取り組みを進めてまいりたい」と国会で約束している。ガイドラインの改定後、首相面談の「打ち合わせ記録」が残されていなければ約束が守られていないことになる。

わたしたちは、首相と省庁幹部の面談の「レク資料」と「打ち合わせ記録」の作成と保存の状況を確認するため、情報公開請求をすることにした。

請求は、説明を受ける側の「官邸」と説明する側の「省庁」の双方に行う必要がある。

官邸に対しては、17年12月のガイドライン改定から約1年分の「レク資料」と「打ち合わせ記録」を請求した。

一方、「省庁」に対しては、重要な面談を抽出《ちゅうしゅつ》してサンプル請求することにした。省庁は官邸とちがって組織が大きいうえ、首相の記録は各部署に分散し、政策ごとに管理されている。このため、1年分の記録を探し出すのはむずかしく、検索範囲が広すぎるとして不開示の決定をされるおそれがあるからだ。

請求する面談は、新聞の首相動静で報じられた首相面談から抽出した。大臣や事務次官らが出席するなど重要と推測される面談のなかから、全12府省がからむ16件の面談を選んだ。そして、各府省に対し、この16件の面談の「レク資料」と「打ち合わせ記録」を請求した。

わたしたちが請求した内容は次のようになる。

・請求先：「官邸」　請求文書：「ガイドライン改定後、安倍首相と省庁幹部が官邸で面談した際の『レク資料』と『打ち合わせ記録』の約1年分」

・請求先：「12府省」　請求文書：「ガイドライン改定後、府省幹部と安倍首相が官邸で行った16件の面談の『レク資料』と『打ち合わせ記録』」

官邸と12府省からの回答が出そろったのは、請求から約4カ月後の19年3月の末だった。

官邸からの回答はシンプルだった。結果を知らせる「通知書」に、「本件対象文書について、保有していないため不開示とした（不存在）」と書かれているだけだった。首相と省庁幹部の面談は、首相動静に掲載される分だけでも年間1000件近くある。それなのに、官邸は「レク資料」と「打ち合わせ記録」の両方をまったく残していないことになる。

では、これらの記録が省庁側にしっかり残されているかといえば、そうではなかった。

わたしたちが請求した12府省の16件の面談の記録のうち、10件の面談で使った「レク資料」は残されていたが、6件は「不存在」とされた。

開示された「レク資料」から、次のような面談のテーマが判明した。

・中央省庁の障害者雇用水増し問題の調査結果報告
・関西空港の台風被害対応
・働き方改革会合事前説明
・米副大統領との会談準備
・経済財政諮問《しもん》会議事前説明
・G20ブエノスアイレス・サミット準備

残りの面談のテーマは非開示だったが、同様に重要なものばかりのはずだ。

ところが、「打ち合わせ記録」については、全16件の面談で一件の保有も認められなかった。

正確にいうと、14件の面談でつくられておらず、残りの2件の面談はつくったかどうかも明らかにされなかった。

この結果から、二つの問題点がはっきりと浮かんだ。

ひとつは、官邸が面談の「レク資料」と「打ち合わせ記録」の両方をいっさい残していないこと。もうひとつは、府省側が「打ち合わせ記録」を作成していないことだ。


まずは、官邸が記録を残していない理由から調べることにした。

これには官邸の記録管理を担当している内閣総務官室への取材が必要だ。総務官室は、これまで「個別の取材は受けない」とわたしたちの取材をこばんできたため、今回も応じる可能性は低い。

だが、記録をいっさい残していない官邸の対応は明らかにおかしい。公文書管理法では、公文書を他省庁などから「取得」した場合も保存期間を決めて管理する決まりになっているからだ。府省側は、少なくとも10件の面談で首相にわたした「レク資料」を公文書として保存しているとわたしたちの開示請求に認めている。つまり、官邸は、府省が公文書と認めた10件の「レク資料」を取得しながら公文書としてあつかっていないことになる。

わたしは、違法性がありそうなこの点から攻めることにした。官庁の問題を追及する取材は、どんなに小さくても違法性を突き止めることが最優先となる。言い方は悪いが、確認できれば、これを突破口にして、手っ取り早く記事にできるからだ。首相の文書管理の責任者である「原邦彰・内閣総務官」宛てに次のような質問状を書いて、内閣総務官室にファクスした。

「公文書管理法5条は、行政機関の職員が行政文書（公文書）を取得した場合、当該行政文書の分類や保存期間の設定などを行うよう定めており、内閣府公文書管理課は取材に対し、同法上は総理大臣も『行政機関の職員』から除外されないとの見解を示しています。弊社は２０１７年12月以降の総理面談の説明資料10件を省庁側が行政文書として保有していることを情報公開請求で確認しており、これらを取得しながら行政文書として管理していない官邸の対応は同法に反する可能性があります。官邸のこうした対応を可能とする根拠法令、運用実態、見解をお聞かせ下さい」

内閣総務官室の中井亨・内閣参事官から電話があったのは、数日後のことだった。

「個別の取材に応じるのはむずかしいのですが……」と前置きして続けた。

「（質問状に）公文書管理法に違反するのではないかというお話があったが、その点だけはわれわれも行政なので、法令違反じゃないかと言われたらあれなので」

わたしがこの法令違反の疑いを突破口に記事を書こうとしていることを見抜いている。中井参事官の声はかん高く、早口だ。

「ご存じと思うが、基本は、公文書管理法のなかでも、政策について責任をもつ省庁がちゃんと公文書を管理すべきという話です。それぞれの省庁が総理にレクするということであっても、それは説明をした側の行政機関の責任において適正に管理をすべきものだというのが基本的な考え方だとわれわれは思っている。それにもとづいてやっているのはちょっとご理解いただきたい。まあ、国会でも答弁されていましたが」

国会答弁とは、前述した19年2月13日の衆院予算委員会での安倍首相の答弁だ。首相の記録管理の状況を質問した西岡秀子議員（国民民主）に対して、安倍首相は「(首相面談のレク資料は）官邸で説明を行った各行政機関の責任において、国民への説明責任をまっとうすることができるよう、適切に、適正に管理するべきものと認識している」と、官僚が書いたペーパーを棒読みしていた。中井参事官の説明はこの答弁をなぞるものなのだろう。

こちらも官邸にとって都合のいい言い分を聞くだけでは引き下がれない。公文書管理法では他省庁などから取得した公文書は保存期間を定めて管理する決まりがあるのだ。そう言って食い下がった。

中井参事官の声のトーンは変わらない。想定内の質問なのだろう。

「基本的に各省庁がもっているものの写しということであれば、官邸では長く保存することを想定したものとしては分類していないのです」

つまり、レク資料はコピーだから公文書にしていない。

「いえいえ、公文書ですよ。ほかのところに正本があるわけですから、もらった写しをこちら側でもっている必要がないということです」


しかし、「長く保存することを想定したものではない」といっても、1年分の面談のレク資料が一件もないというのはやはりおかしい。わたしたちの開示請求を受理した日もレクがあったはずだ。その日のレク資料もないということは、面談終了直後にすべて捨てていることになる。そんなことができる公文書があるのか。わたしはそこまで考えると、「保存期間1年未満の公文書」の存在を思い出した。この文書は用件が終わった瞬間に廃棄できる。つくったその日に捨てることも可能なのだ。

中井参事官は平然と答える。

「そういうことです。まあ、たぶん、一般の企業さんでも、たとえば社長に各部がご説明するときに、社長のところに全部資料をそろえているかとなると、それはそうではないですよね。各部にそれぞれちゃんとあってということですよね。というのと基本は一緒かなと思います」

そう言うなり電話は切れた。

驚いた。「保存期間1年未満の公文書」は、いわくつきの公文書だからだ。廃棄する前に国立公文書館のチェックを受ける必要がなく、いつでも自由に捨てることができる。政府の公式サイト「イーガブ」で公表される「行政文書ファイル管理簿」への登録もいらないから、国民にその存在を知られることもない。このため、本当は残っていても「すでに捨てたので、ありません」とごまかすこともできてしまう。実際、自衛隊日報や森友学園問題では、この1年未満文書のルールが記録を隠ぺいするために悪用されている。

政府はこうした問題点をふまえ、17年12月のガイドラインの改定で、1年未満文書に設定できる記録を政府の意思決定のプロセスに関係のないものに限定したはずだった。それは公文書管理法が国の職員に作成を義務づける文書を「意思決定にいたる過程を合理的に跡付け、検証することができる文書」と定義しているからだ。

にもかかわらず、官邸は、首相が政策判断に使ったレク資料を一律、1年未満文書としてあつかい、面談が終わると機械的に捨てているというのだ。

一方、中井参事官が話した理屈はこうだ。レク資料は、省庁がつくり、省庁が原本を保管している。首相が受けとるのはコピーだから、官邸でわざわざ保存しておく必要がない。確かに、改定ガイドラインは「別途、正本や原本が管理されている公文書の写し」については、保存期間を1年未満に設定できるとしている。中井参事官が言うように、レク資料の原本が省庁にきちんと残されているのなら問題はないのかもしれない。

ただ、鳩山由紀夫元首相のケースもある。沖縄・米軍普天間飛行場の県外移設を断念する決め手となった外務省作成の極秘のレク資料が同省で見つからなくなっている件だ。わたしは中井参事官が話した理屈が正しいかどうかを確かめようと思った。

※

まず、開示請求に対して12府省から届いた通知書をあらためてながめてみる。レク資料は16件の面談のうち、10件で「ある」、6件で「ない」とされている。とりあえず、「ある」と回答された10件のレク資料の保存状況を調べることにした。

府省の担当者に問い合わせると、10件のうち、安倍首相が「加藤勝信厚生労働相、鈴木俊彦事務次官ら」「麻生太郎財務相、岡本薫明事務次官ら」「国土交通省の森昌文事務次官ら」と会った3件の面談のレク資料の保存には問題がないように思えた。資料の内容のほとんどがオープンにされているか、内容が非開示でも国立公文書館での永久保存が決められていたからだった。

だが、残りの7件のレク資料には疑問を抱かざるをえなかった。

まず、原田義昭環境相と森本英香事務次官らが首相と面談した際のレク資料だ。5年間保存した後に「廃棄」するあつかいとしていたが、全面不開示とされていた。つまり、この資料は5年後には国民の目に触れることなく廃棄されることになる。

経済産業省の寺澤達也経産審議官らが首相と面談した際のレク資料も全面非開示だったが、保存期間すら明かせないと言われた。担当者によると、保存期間から文書の中身を類推されるからだという。そもそも、面談のテーマすら明らかにしていないのだから、保存期間をオープンにしたところで何の問題もないはずだ。過剰な対応としか思えなかった。

さらに、河野太郎外相ら外務省幹部と首相の3回の面談で使われた3件のレク資料は、外務省がいずれの保存期間も「まだ決めていない」としていた。3件のうち2件の面談のテーマは「米副大統領との会談準備」「G20ブエノスアイレス・サミット準備」などと明かされたが、資料内容の大部分は黒塗りされ、いずれも全面不開示に近かった。

経産省と外務省のこれら4件のレク資料も、内容が明かされないまま人知れず捨てられる可能性があるということになる。

最後の2件のレク資料は、「(加藤厚労相の後任の)根本匠厚労相との面談」「内閣府の河内隆事務次官らとの面談」で使われたもので、保存期間が「1年未満」にされていた。前述のように、官僚の裁量でいつでも捨てられる文書で、官邸と同じあつかいをしていることになる。テーマはそれぞれ「働き方改革会合事前説明」と「経済財政諮問会議事前説明」。両府省は「たまたま捨てずに残っていた」などとして資料を黒塗りせずに開示したが、請求がもう少しあとになれば廃棄されていただろう。

16件のうち10件の面談のレク資料は残ってはいる。だとしても、この保存と公開の状況で、安倍首相が言うように「現在と将来の国民への説明責任をまっとう」できるのだろうか。

次は、レク資料が「ない」とされた6件の面談について調べてみる。

最初は、林芳正《よしまさ》文部科学相と藤原誠事務次官がそれぞれ別の日に首相に会った2件の面談だ。2件ともレク資料がない理由を文科省に聞いてみた。担当者は「わが省の幹部が逐一《ちくいち》、官邸や官邸以外のどういうところに行ったかは基本的に公表していないのですが」と前置きして続けた。

「お問い合わせをいただいたので答えますが、今回の大臣と次官の面談は二つとも、簡単に言うとあいさつみたいなもんだと思ってもらえればいい。当然、資料を使ってどうこうということもない。別にアポもないんです。ふらっと行っていれば会うし、いなければ名刺をおいて帰ってくるみたいな世界ですから」

首相に「ふらっとあいさつ」に行くことがあるのだろうか。いぶかしがるわたしに、担当者は念を押すように繰り返した。

「ふらっとあいさつに行くことはよくあるんですよね」

次は総務省だ。石田真敏《まさとし》総務相と安田充事務次官らが首相と面談した際のレク資料は「ない」とされていた。担当者に、どんなテーマの面談だったのかと聞くと、「資料が不存在なのでお答えできません」という答えが返ってきた。面談があったのは18年12月12日。この取材のわずか3カ月前のことだった。担当者はさらに意外なことを口にする。

「レク資料はあったのですが、公文書に該当しないため、保存しなかったのです」

わたしは耳を疑った。レク資料は、公文書管理法の定義にてらせば、どう考えても公文書だ。担当者に公文書にしなかった理由を聞くと、「はい、日常的な報告の一環だというふうに整理していまして」とさらりと言ってのけた。大臣と次官による首相レクは「日常的な報告の一環」とはとてもいえないはずだ。これは保存期間が適切かどうかという以前の問題だ。さすがにまずいと思ったのか、その後、別の担当者から「説明したのは一般的な話で、お問い合わせの総理のレク資料の件ではない」と修正が入った。


このほか、レク資料が「ない」とされたのは、安倍首相が「吉川貴盛農相、末松広行事務次官」「防衛省の高橋憲一事務次官」「法務省の黒川弘務事務次官」と会った3件の面談だった。

農水省の担当者は、吉川農相、末松次官が首相と面談した際のテーマについて「就任のあいさつをかねて、農政をめぐる最近の状況、改革の進捗《しんちょく》状況を報告したというふうに聞いていています」と説明したが「詳細はわからない」と答えた。

防衛省は、高橋次官と首相の面談のテーマについて文書でこう回答した。
「高橋事務次官は、総理に対して、防衛政策上の課題や自衛隊の運用、人事をはじめとして、防衛省が所掌《しょしょう》する事項について、平素からさまざまな報告を行っているところであるが、個別具体的な面談内容の逐一については、業務の性質上、お答えすることは差し控えたい」

法務省も、黒川次官と首相の面談のテーマについて「当省で確認できる記録がなく回答できない」とだけ答えた。この面談があったのは18年12月11日で、石田総務相の面談と同様に、わたしが問い合わせをしたわずか3カ月前のことだ。しかも、面談の前日に、東京地検特捜部が日産自動車のカルロス・ゴーン前会長を金融商品取引法違反で起訴し、再逮捕していた。世界が事件に注目するなかで行われた法務省の事務方トップと首相の面談の内容が把握できなくなっているのだ。

さらにいえば、黒川次官はこの面談の約1カ月後、東京高検検事長に昇進し、その1年後、検察トップの検事総長就任に道をひらく定年延長という前代未聞の〝優遇〟を受ける。黒川氏は、国民から反発のあった共謀罪法案や入国管理法改正案をとりまとめて安倍政権を支えた人物。「官邸の覚えがめでたい〝政権の守護神〟」ともいわれる。それだけに、「安倍首相が刑事告発された『桜を見る会』の関連捜査に手心をくわえてもらうための人事だ」との見方が広がる。「検察の独立性を脅かす」という批判もまねいた。

記録を残さない「密談」の内容は永遠にわからない。それは、「現在と将来の国民への説明責任をまっとう」することを放棄しているにひとしい。

もうひとつの疑問も解消しなければならない。

「打ち合わせ記録」の問題だ。府省は16件の面談の打ち合わせ記録の保有を一件も認めなかった。それは、首相が面談中に発した言葉がまったく記録されていないことを意味している。なぜ記録を残していないのか。各府省の担当者たちの答えは、判で押したように同じだった。

「方針に影響をおよぼす打ち合わせではなかったからです」

国の公文書管理のガイドラインは、作成義務のある「打ち合わせ」をこう定義している。

「政策立案や事務、事業の方針に影響をおよぼす打ち合わせ」

このため、担当者たちの説明どおりなら、ルール上は問題ないことになる。しかし、首相面談が方針に何の影響もおよぼさないということがあるのだろうか。担当者たちに疑問をぶつけていくと、奇妙な話を耳にすることになる。

ある省の担当者がこんな話を始めたのだ。

「実は、総理のレクのときって、記録をとるための随行者がぜんぜん入れないんですよ。わたしも何度も行きましたけど、一度も入れてもらっていませんから。総理室の前まで行くと、入れるのは局長だけってなってしまうんです」

なぜ、局長しか入れないのだろう。

「それが、わかんないんですよ。われわれは総理室のなかでどういう話があったのかあとから局長から聞くしかないんです。こういう話があったとか、こういう指示があったというふうに。だから、どんな話をしたのか、わたしたち担当者レベルに聞かれても、どうもこんな話があったようですねとしか言いようがないんです」

事実だとすれば、記録をつくっていないのは、「方針に影響をおよぼす」か否かというガイドラインの定義とは関係ないことになる。首相面談は単に記録ができない状態にされているということだ。この担当者は、官邸に何度行っても首相レクに参加できないことがよほど悔しかったのだろう。口はなめらかだ。

「総理レクでは、記録をとるための随行者は入っていないので、なかに入った局長がそのときに言われたことを覚えなきゃいけない。それで省に戻ってきてから、関係幹部を集めて、総理からこんなこと言われたというのを口頭で伝えるんです。だから記録はつくらないんです。だって、局長がメモを起こしたり、記録をつくったりなんて普通はしないですから」

さらに、別の省の担当者も、似たようなことを口にした。打ち合わせ記録がない理由について「方針に影響がなかったからです」とお決まりのセリフを言ったあと、こうこぼしたのだった。

「まあ、首相レクに随行でもう少し若い職員が入っていたら、記録はとれているかもしれませんね。でも、レクに入れるのは、えらい人ばかりなので。わたしたちにはレクでどんなやりとりがあったのかわからないんですよね」

首相レクに入れる官僚はごく一部の幹部に制限されて、記録をとるための官僚たちが入れない。だから打ち合わせ記録がないのではないか。

この仮説を裏づけるための取材が必要だ。わたしたちは手分けをして官僚たちに当たることにした。首相レクに入ったことのある経験者や実態を知る官僚は少ない。しかも、みな一様に口が重かった。それでも、少しずつ証言が集まってきた。

「首相面談に記録要員は入れない。官邸が情報漏えいを警戒しているからだ」

「首相の目の前でメモはとれない。見つかれば、次の面談から入れてもらえなくなる」

「官邸ににらまれるので、面談後に記録をつくっても公文書にはしていない」

いずれも断片的な証言ではあった。しつこく何度も質問して、渋々口にしたものや、こちらの質問にうなずく形で認めてくれたものもあった。

官僚たちは官邸の存在を異様なほど恐れていた。

# 第五章　総理執務室の内側

首相と省庁幹部の面談とは一体どのようなものなのだろうか。その実態をくわしく知る必要があると思った。

わたしたちは、東京・目黒のオフィスビルに向かった。元首相秘書官の小野次郎氏に会うためだ。

小野氏は、警察庁のキャリア官僚として、小泉純一郎首相の秘書官を２００１年から約４年半務めた。05年に秘書官から国会議員に転身し、衆院議員と参院議員を１期ずつ務めた経験をもつ。

わたしは、首相面談の記録が残されていないことを小野氏に説明した。小野氏は少し考えて、「総理に関する記録なら何でも残せるというのはまちがいです」と言って、03年のイラク戦争当時のエピソードから語り出した。

「たとえば、イラクの戦後復興のために自衛隊派遣を決めたときのことです。総理執務室に防衛省と外務省の担当幹部を呼んで、小泉総理と一緒に派遣先候補地の説明を受けました。そのなかにはバグダッド国際空港の警備やキルクークの油田管理の任務などいくつもあったのですが、最後に『こんなのもあります』と出してきたのが、最終的に派遣先となるサマワだった。『日本なら山陰地方のようなのどかな地域で学校や病院の補修、水道整備について協力の要請がある』という程度の説明でした。だれが考えても国際協力機構（ＪＩＣＡ）か国土交通省の専門家にでも任せればいいような案件です。

わたしはその場で『これって、自衛隊でなくてもできる仕事だし、そもそも、戦闘が行われた場所でなければ復興にもならないですよね』と口をはさみました。説明が終わって、外務省などの担当者が退室すると、わたしは小泉総理から怒られたのです」

小野氏が間をおかず続ける。

「小泉総理はわたしにこう言いました。『自衛隊のイラク派遣は目立つ場所に行かせてはなばなしい成果をあげようという話じゃないんだ。イラクに何年か派遣する間に自衛隊員が一人もけがをせず、また一人もけがをさせることなく帰ってくることが大事なんだ。それでも、派遣によって、アメリカからは〝日本は最大の同盟国だ〟という信頼を得ることができて経済も貿易の関係もうまくいく。趣旨がわかったら今日みたいなことは二度と言うな』

こんなことは国会でも言えないでしょう。公言すれば対外的にも差しさわりがあります。総理執務室でのこういうやりとりは記録として残さないほうがいいわけです」

――しかし、首相の記録は国の歴史そのものだ。長期間保存したうえで公開すればいい。

「仮に30年など長いときをへて公開される仕組みにしたとしても、事後の公開を意識すると総理の決断に影響するでしょう。たとえば、海外で日本人が武装集団に拘束されたケースなどでは、情報が少ないなかで総理が人質交渉や救出強行を即断しなければならない場面もあります。ところが、決断までのやりとりが記録に残るとなると、迷いやためらいが生じて決断が消極的になってしまうのです」

――記録をしない理由はほかにも？

「ありますね。省庁同士の権限争いや業界同士の利害の衝突を調整するのが総理官邸の役割です。官邸での検討過程で総理がどちら側の肩をもったかなどは明らかにせずに、『総合的に勘案して政治的に判断した結論』ということにしておかないとおさまりがつかないことも多いのです。

首相秘書官時代をふり返る小野次郎氏

さらにいえば、官僚からのレク中に総理が的外れなことを言ったり、思い込みで質問をして、スタッフから訂正されることもあります。総理も人間だから最初からすべてに精通しているわけではない。だが、そんな発言が議事録にされて表に出たら、何かと都合のよくない場合もありえる。総理が本音で話せなくなるし、柔軟な判断もできなくなってしまうでしょう。

だから、総理執務室での面談中に詳細にメモをとる官僚を見つけると、わたしなども『途中のやりとりはメモしなくていい』と注意していました。官邸は記録を残さない『暗室』か『手品箱』のままにしておいたほうがいいのです。

とはいえ、あとから確認が必要になるケースはあるから、基本的な記録は省庁側に残してもらう。そうしておけば、案件の内容と官邸への報告の事実は省庁に聞けば確認できますから」

――首相秘書官は記録をつくらないのか。

「秘書官も総理を守るため余計なメモや記録は残しません。見たものも聞いたことも自分の頭のなかにおさめるだけにする。総理が必要であれば思い出しますが、第三者や部外に対しては証拠や記録を残さない。総理秘書官は総理にとっていつでも記録を消し去ることができる『黒板』みたいな存在が理想とされているのです。

ある政治家が小泉総理に『宰相録』をまとめるよう勧めたことがありました。小泉総理は日記をつけていませんでした。省庁作成の説明資料も会議が終わればテーブルの上においたまま立ち去るから手元に残っていない。『宰相録』をつくるなら秘書官の記録が必要という話になったのですが、その場にいあわせたわたしが『わたしのとりえは記録を何も残さないことです。もらったものまで捨てています』と言うと、小泉総理は『それでいい』と言ってうなずいてくれました」

――安倍首相の記録を残していない今の官邸の対応をどう思う?

「権力の中枢の記録を残さないことが許されるには、大前提があります。総理や側近が権力の私物化や身内への利益誘導と疑われる行為を絶対にしないということです。すべてが国家のためだという大前提があるからこそ、記録を残さないことも許される。これは国家の中枢で仕事をする人たちが連綿と引き継がなければならない責任でもあります。その点について国民の信頼を失えば自ら身を引くくらいの覚悟を示すことが必要ではないでしょうか。

ところが、森友・加計学園の問題で権力の私物化が疑われたなかで、政府が『記録はない』と繰り返した。その姿をみると、こうした大前提が失われてしまっているように思えてなりません」

首相秘書官を4年半務めた経験と実感にもとづく本音なのだろう。小野氏の証言はリアルで、刺激的ですらあった。

特に驚いたのは、官邸は記録を残さない「暗室」、つまり、「ブラックボックス」にしておいたほうがいいと力説したことだ。政権が権力を私物化しないという大前提が守られていれば、ブラックボックスにしても許されるという主張への賛否は分かれるだろう。ただ、面談のやりとりを記録されると「首相に迷いやためらいが生じて決断が消極的になる」「柔軟な判断ができなくなる」という理由はわからなくもない。

「わたしも『メモしなくていい』と注意していた」という証言も重要だ。「官邸は情報漏えいを警戒して首相面談に記録要員を入れさせない」などという現役官僚らの証言を官邸サイドから裏づけるものだからだ。

加計学園問題で安倍首相の秘書官が「記録も記憶もないため答えられない」と連発したことを考えれば、小野氏の言う「秘書官は総理を守るため余計なメモや記録は残さない」という〝作法〟は、今も受け継がれているのだろう。

つまり、小野氏が秘書官だった小泉政権時代から、首相の記録をめぐる官邸の対応は何も変わっていないのだ。

ただ、小泉政権と安倍政権のときでは決定的にちがうことがある。小泉政権のころは、公文書管理法（11年施行）や、「打ち合わせ記録」の作成を義務づけた改定ガイドライン（17年）が存在していなかったことだ。安倍政権は公文書管理のルールがあるのにそれを守っていない可能性がある。

## 「官邸は〝聖域〟」

首相に関する記録のありかたについて、識者はどうみるだろうか。話を聞くなら、この人をおいてほかにいないと思った。御厨《みくりや》貴《たかし》・東大客員教授（現・東大先端科学技術研究センター・フェロー）。オーラルヒストリー（口述記録）と呼ばれる手法で元首相や元政府高官の在任中の体験を数多く聞きとった経験ももつ。首相の諮問《しもん》機関である「公文書管理委員会」の初代委員長も務めた。まさに、この分野の重鎮といえる。

御厨貴・東大客員教授（当時）

——首相面談の約1年分の記録を毎日新聞が情報公開請求したところ、官邸はすべて「不存在」とした。省庁側にも十分に残されていない。なぜ記録は残されないのか。

「官邸は記録を残さなくてもいい〝聖域〟になっています。極端にいえば、政治家や官僚は総理大臣はまちがった決定をしない存在だという前提に立っている。だから総理のまちがいをあとから検証されかねない記録は残したり公開したりすべきではないと考えているのです。こうした意識は戦前からのもので、日本の政治文化として定着してしまっています」

――小泉政権時の首相秘書官だった小野次郎氏は取材に「発言が記録されると首相が本音で話せなくなり、柔軟な判断もできなくなる。権力の中枢は記録のない『暗室』にしておくほうがいい」と話している。

「わたしもそうした意見を聞いたことがありますが、方便だと思う。国のトップが国民に何も知らせぬまま秘密の決定を繰り返していいわけがない。発言が記録されると、何も決定できなくなるという人もいますが、記録されてもやりたいことをやるのが政治家というものでしょう」

――首相の記録を残す特別なルールはない。鳩山由紀夫元首相が10年の退任時に自分で保有していた文書の大半をシュレッダーにかけ廃棄したと証言している。

「三木武夫元総理（1974～76年在任）も、自身で保有していた秘密文書をすべて自宅の暖炉で焼いたという話を睦子《むつこ》夫人から聞きました。それが問題視されなかったのは、当時の日本が成長社会で過去をふり返らなくてもよかったからです。バブル経済崩壊などで1990年代から社会が停滞すると、国民側は政府の決定は正しかったのかと疑問をもち始めた。総理の記録も残すべきだという発想が出てきたのはわりと最近のことなのです」

――福田康夫元首相によると、首相が代わると首相執務室に書類を残さずに次の首相に引きわたすという慣習があるそうだ。

「その真意はすべて破棄してくださいということです。退任間際に官邸を出て行くようせかされるなかで、鳩山氏のように勢いで捨ててしまった総理は多いと思う。捨てても作成元の省庁に残っていると思うのはまちがいで、省庁はすべてを残していない。総理に関する文書を整理して残すのはめんどうだし、そもそもそれが重要な記録という認識もないからです」

――官僚が記録を残さない背景をどう見る。

「実は、戦前の官僚たちは文書にくわしい内容を書いてきちんと残していました。公開されない安心感があったからですが、第二次世界大戦の敗戦で一変する。内務官僚だった元東京都知事の鈴木俊一氏の証言では、官僚は連合国軍総司令部（ＧＨＱ）に突っ込まれると困るから、公文書の記載は簡単にして、くわしくは書かなくしたそうです。その慣習は米軍占領が終わっても続く。01年の情報公開法施行で国民が公文書を開示請求できるようになると、ますます記録を残さなくなったのです」

――11年の東日本大震災時も、官僚が記録を残していなかったことが問題になった。

「わたしは政府の『東日本大震災復興構想会議』の議長代理だった。各省が被害や復旧の記録をつくったその日のうちに捨てているのに気づいて注意すると、担当者たちは不思議そうな顔をしていました。11年施行の公文書管理法によって公文書管理が官僚の重要な仕事だと位置づけられましたが、記録を残してあとから検証されるのが政治や行政の健全なありかただという意識は今も十分に浸透していない」

――政治家の意識は変わってきただろうか。

「政治家は、選挙での当選や内閣の存続のためには『今』やっていることが国民から評価されることが大事だと考えがちです。だが、総理になる政治家は『今』への責任だけでなく、歴史への責任も負っている。それを自覚すれば記録を残すようになる。残念ですが、わたしの知る限り、そのことを認識している政治家はあまりいません」

――官邸の権限が強くなったことで、首相に関する記録を残す必要性は高まっているとも言われている。

「首脳外交が必要な場面が増えるなど、総理が自ら判断して決裁する案件や会うべき要人の数はかつてとくらべて格段に多くなっています。安倍政権は長期政権になり、将来、検証が必要な重要案件もたくさんあるから、信頼に足る資料をきちんと残しておかなければならない。安倍政権にはその仕事をやりとげる最初の政権になってほしい」

——福田元首相は、「首相に関する文書の保存のルール化」「省庁に分散保存されている首相の記録の一元管理」「首相直属の記録担当補佐官の創設」を毎日新聞の紙上で提言した。

「総理の決断にかかわる記録は最も重要な文書として残さなければならないのに、今の制度では自覚的に残す仕組みになっていません。その意味でルールは必要です。つくれば総理になる政治家の心がまえもちがってくる。米国では、それぞれの大統領の記録が大統領図書館に残され、後世の検証に堪える回顧録を書くことまでが大統領の仕事と認識されています。日本でも、忙しい総理の代わりに記録を保存・管理してくれる補佐官のような存在も必要になるでしょう」

——実現には課題もあるだろうか。

「ルール化には各省が抵抗するでしょう。官庁は自分たちがもっている記録を外に出すのを極端に嫌うからです。記録補佐官には、政治的な重要性を判断できて、総理が選択しなかった記録まで残せる人を配置しないといけませんが、人材を探すのは大変です。それでも、総理の記録を残すためのルールや仕組みをつくることは、時代の要請だと思います」

首相面談が、記録が残されない「ブラックボックス」や「聖域」にされている可能性は高い。わたしたちは、こうした実態を２０１９年４月14日の朝刊で報じた。

**首相の面談記録「不存在」　対省庁幹部　1年未満で廃棄**

安倍晋三首相と省庁幹部らの面談で使われた説明資料や議事録などの記録約1年分を毎日新聞が首相官邸に情報公開請求したところ、全て「不存在」と回答された。官邸が記録の保存期間を裁量で廃棄できる1年未満に設定していることも判明した。

官邸の担当者は「記録は政策を担当する省庁の責任で管理すべきだ」と説明したが、重要とみられる16件を抽出して府省側に同様の請求をしたところ、10件については説明資料の保有を認めたものの、どの府省も議事録の保有を認めなかった。識者は首相の政策判断の検証に必要だとして、記録を残すルール作りを求めている――

# 第六章　官尊民卑

首相の面談記録がないという2019年4月14日の記事は、翌日15日、菅義偉官房長官の定例会見でとり上げられた。

菅氏に質問したのは、東京新聞の望月衣塑子記者だった。会見でしつこく質問する姿が話題を呼び、その後、日本アカデミー賞を受賞する映画「新聞記者」のモデルにもなった。その望月記者が、安倍首相と省庁幹部の面談で使われたレク資料を官邸がいっさい残していない件について質問を飛ばした。

「（レク資料の）保存期間が1年未満に設定されており、面談後に廃棄されているというが、なぜ1年未満としているのか？」

菅氏が官僚から差し入れられたメモに目を落としながら答える。

「まず、総理は各行政機関から説明報告を受けますが、これらの行政文書（公文書）については、（公文書管理の）ガイドラインで保存期間1年未満とすることができるとされている。別

記者会見で毎日新聞の報道について質問を受ける菅義偉官房長官

途、原本が管理されている行政文書の写しに該当する文書がそう定められている。ま、いずれにしろ、官邸に説明を行った行政機関の責任において適正に管理する、そういうふうに思っています」

菅氏が言っているのは、ようするにこういうことだ。レク資料はつくった省庁が保管すべきものだ。しかも、ガイドラインは、原本が保管されている公文書のコピーなら、いつでも自由に捨てられる保存期間1年未満の公文書にできるとしている。だから、官邸が面談後すぐに捨てても問題ない——

だが、1年未満に設定できるのは、コピーであっても、政府の意思決定に関係のないものに限られている。ましてレク資料は首相が判断を下すときに用いたものだ。百歩ゆずっても、一件も残していないのは明らかにおかしい。

望月記者が「関連で」と言って、今度は首相面談の「打ち合わせ記録」がつくられていない件について質問する。すでに説明したように、この記録は、重要な打ち合わせをした場合、日時、参加者、主なやりとりの概要を書き残しておくものだ。

「(毎日新聞の）取材に、複数の省庁幹部は『官邸は情報漏えいを警戒して面談に記録要員を入れさせていない、面談後に記録をつくっても公文書あつかいしていない』と証言している。官邸での公文書保存は非常に重要だと思うが、認識は？」

菅氏は「ご指摘のような事実はありません」と答え、軽く頭を下げて会見場をあとにした。

同じころ、わたしのもとに内閣官房から1通の封書が届いた。請求していた公文書を開示するという知らせだった。前述したように、わたしたちは、首相と省庁幹部の面談の記録を調べるため、12府省の16件の面談をサンプル調査して記事にしたが、これだけでは不十分だと思っていた。そこで、内閣官房にターゲットをしぼり、ガイドライン改定後の内閣官房幹部と首相の面談記録を1年分請求したのだった。

内閣官房は、首相の直轄で大規模災害やテロの対応、重要政策の立案や調整を担当している。新聞の首相動静を見ても、幹部が首相にひんぱんに会っている。そのわりには、ほかの省庁にくらべて規模が小さいから、記録は探しやすいはずだ。1年分の記録を一括請求しても対応可能だろうと考えたのだ。

わたしたちの狙いは、首相面談の「レク資料」と「打ち合わせ記録」がどのぐらい残されているか確かめることだ。ただ、漏れがないように、この二つの記録にくわえ、議事録など面談に関するあらゆる記録を出してほしいと請求した。

開示されたのは、首相面談に使った47件のレク資料だった。資料の内容からは、安倍首相のほかにだれが参加したのかわからないケースが多かったが、1年の間に内閣官房幹部が50回近く首相と面談したことはこれで裏づけられた。

また、資料に書かれている面談のテーマは、「公務員定年の引き上げ」「外国人材の受け入れと共生」「海上保安体制の強化」「働き方改革」などの政策説明や、「大阪北部地震」「西日本豪雨」「台風21号」「北海道胆振《いぶり》東部地震」の災害対応に関するものだった。

いずれも重要なものばかりだが、肝心の「打ち合わせ記録」は一件も開示されなかった。つまり、重要案件の説明を受けた安倍首相の反応がわかる記録がいっさい残されていないのだ。開示手続きを担当した内閣官房の職員たちに問い合わせると、そもそも作成していないという。

つくらなかった理由については「政策立案などの方針に影響がなかった」「説明した内容が総理から問題なく了承されたためだ」と繰り返すのみだった。

ただ、この説明には矛盾《むじゅん》があると思った。たとえば、開示されたレク資料から判明した18年9月5日の面談だ。菅氏が当日の定例会見で、この面談で安倍首相が内閣官房の内閣危機管理監らから台風21号で利用者が孤立した関西国際空港の状況の説明を受けたと明かしていた。そのうえで、「総理から孤立者解消と空港の早期再開に向けて関係省庁が連携するよう指示があった」と明確に述べていたのだ。

ガイドラインは、面談が政府の方針に影響をおよぼした場合、打ち合わせ記録をつくるよう定めている。首相の指示があったこの面談は記録をつくらなくてはならないはずだ。内閣官房の担当者にそう指摘すると、今度は「災害対応中のうえ、首相の指示内容は簡潔明瞭だったからつくらなかった」という答えが返ってきた。

政府がつくった公文書管理のガイドラインの公式解説集には、「事案の決定権者への説明は打ち合わせ記録を作成する」とも書かれている。「事案の決定権者」は省庁なら大臣となるが、首相直轄の内閣官房の場合は首相も当然入る。内閣官房の対応はガイドラインに反している可能性が高い。わたしはそう思った。

一方、首相の文書管理を担当している内閣総務官は、「官邸に打ち合わせ記録はいっさい存在しない」とわたしたちの開示請求に回答していた。ただ、この回答では、官邸が打ち合わせ記録をそもそもつくっていないのか、あるいは、つくってはいるがすぐに捨てているのかがわからない。

わたしは内閣総務官室の中井亨参事官に電話を入れた。

「あれですか、各省庁が総理にレクに来たときの打ち合わせ記録ですか。ああ、基本はつくってないですね。基本は政策をもっているところで必要に応じてつくるということなので。まさに、政策を所管しているところで、政策立案の過程を跡付け、検証できるようにするという話ですので」

だが、その政策をもっている内閣官房が50回近く首相と面談しながら、打ち合わせ記録を一件もつくっていないのだ。

「ああ、そうなんですか」と笑った中井参事官に、首相面談の打ち合わせ記録をつくらせないルールでもあるのかと皮肉まじりに聞いてみた。

「そんなことはないですよ。まったくないです。それはもう各省さんの問題なんで、官邸はなんともいえませんね」

公文書管理のガイドラインは、官庁間の打ち合わせの記録は参加した双方がつくることをさまたげていない。「省庁側が必要に応じてつくるもの」という規定はどこにも書かれていない。中井参事官は、わたしの取材の狙いに気がついたのか、こんな説明を始めた。

「結局、総理は、人と会うのが仕事なので、それを全部記録して残していると、なんか大変なことになるっていうかですね。そのためだけにエネルギーをほぼ使わざるをえなくなる。官邸ってそんなにスタッフがいるわけじゃないので。そこまではやってられませんというのが正直なところです」

官邸は首相面談の「打ち合わせ記録」をいっさいつくっていない。「レクに来た官庁側の責任でつくるものだ」と言ってはいるが、その官庁側も50回近く面談しながら記録を一件もつくっていない。もどかしいほどスローペースの取材だが、首相の記録の実態が少しずつ見えてきた。

わたしたちは2019年6月3日の朝刊に、打ち合わせ記録の問題に焦点を当てた「続報」を掲載した。

## 首相の面談記録　作成せず　官邸、災害対策も

　安倍晋三首相が官邸で官庁幹部と面談した際に、首相官邸が議事概要などの打ち合わせ記録を一切作成していないことが、官邸への取材で明らかになった。官邸が面談で使った官庁作成の説明資料を終了直後に全て廃棄していることは毎日新聞の報道で明らかになっていたが、官邸による記録作成の有無は不明だった。首相の指示などが事後に検証できないブラックボックスになっている実態が一層鮮明になった。

　官邸は記録未作成の理由について「官庁側の責任で作るべきものだ」と説明する。しかし、情報公開請求したところ、首相の下で災害・テロ対策や重要政策を担う内閣官房ですら、記録を作成していなかった。政府の公文書ガイドラインの解説集は「事案の決定権者への説明は記録を作成する」と例示しており、内閣官房の対応はガイドラインに反している可能性がある――

　この記事に対し、公文書管理にくわしい小谷允志・記録管理学会元会長はこんなコメントをよせた。

「官邸が首相と官庁幹部の打ち合わせの記録をいっさい残さず、『記録は官庁側が作成すべきだ』と言うのは、言いわけにすぎない。世間に批判されかねない面談内容が表に出るリスクを回避したいだけだ。官庁は官邸の意向をそんたくして記録をつくらないか、あるいはつくっても公開対象となる公文書にしていないとみるべきだ。首相の面談記録は国の歴史の記録でもある。それを残さない官邸と官庁は、公文書を『国民共有の知的資源』と定める公文書管理法の精神を完全に踏みにじっている」

この記事が載った日、官房長官会見でこの問題をめぐる質疑が繰り広げられた。長官会見は午前と午後の2回開かれる。午前の会見で毎日新聞の政治部記者が、首相面談の「打ち合わせ記録」をいっさいつくっていない官邸の対応を問いただした。

菅氏が答える。

「まず、打ち合わせ等の記録については、当該政策を所管する省庁の立場から説明、報告を行う各行政機関において、公文書管理法などの規定にもとづき、必要に応じて作成・保存される。このようにされております」

官僚が用意したペーパーの棒読みだ。朝刊を読んで慌ててつくったにちがいない。質問を想定してのことだろう。18年の台風21号対応に関する面談での首相指示が記録されていないとわたしたちが報じたことへの反論が用意されていた。菅氏が読み進める。

「災害対応の状況について、これは報告も簡潔であり、総理からの指示がすでに実施されている対処方針にそったものであり、特段、方針の修正などがない場合にはいわゆる議事録は作成しない。これが対応です」

記者が食い下がる。

「現状の公文書作成、保存管理のありかたで、安倍政権の政策決定プロセスを文書としてしっかりと残すことができているとお考えか」

菅氏は即座に答えた。

「あ、そこはできていると思います」

別のテーマの質問をはさんだあと、手をあげている東京新聞の望月記者に菅氏が質問をうながす。「先ほどの質問の関連だが」と前置きして、打ち合わせ記録をつくっていない内閣官房の対応が公文書管理のガイドラインに反していると考えるかと聞いた。菅氏が「反していると は思っておりません。適切に対応しております」と短く答えると、間をおかず望月記者が「長官の面談でも記録要員を排除しているのか」と畳みかけた。

菅氏は不機嫌そうな表情を浮かべ、吐き捨てるように言った。

「まあ、そのようなことはありません」

質問は、午後の会見でも続く。朝日新聞の記者が、大きな被害が出た台風21号に関する首相面談の記録がつくられていない点を突く。公文書管理のガイドラインが、歴史的緊急事態に対応する会議の記録作成を義務づけているためだ。

「その規定は東日本大震災を受けて制定をされたもの。ご指摘のようなケース（台風21号など）は公文書管理法の一般的なルールによることになっています」

菅氏は質問をこうかわすと、さらに続けた。

「いずれにしろ、災害対応の状況については、公文書管理法やガイドラインの規定にもとづいて、担当部局の責任において必要に応じて作成、そして保存してます」

台風21号では14人が死亡し、1000人近い重軽傷者が出た。その災害対応の記録管理が「適切だったのか」と重ねて聞く記者に、菅氏ははっきりとした口調で言った。

「うん、適切だと思います。行政機関においてしっかりそこは対応してますから」

首相面談の「打ち合わせ記録」をつくらなくてもガイドラインに反しない。はたしてそうなのか。

※

わたしは、東京・四ツ谷駅近くの弁護士事務所に向かった。三宅弘弁護士に会うためだ。三宅弁護士は、打ち合わせ記録の作成義務をもり込んだ17年12月のガイドライン改定を審議した首相の諮問機関「公文書管理委員会」で、委員長代理を務めていた。

三宅弁護士は憤っていた。首相面談の打ち合わせ記録が未作成であることについて菅官房長官が「ガイドラインに反していない」と主張したからだった。

「明らかなガイドライン違反ですよ」と言って三宅弁護士がその理由を説明する。

公文書管理法は、その4条で「意思決定にいたる過程を検証できるように文書をつくらなければならない」と官邸を含めた官庁に義務づけている。ガイドラインも、打ち合わせ記録は4条の原則にもとづいてつくるべきものと明記している。ところが、官邸も省庁も、この大原則を無視しているというのだ。

三宅弁護士は語気を強めて言う。

三宅弘弁護士

「首相面談は意思決定過程のなかで最も重要です。政策立案の方針に影響をおよぼすか否かを限定的に解釈してはならない。公文書管理法の4条の原則にしたがってつくるべきだ。未作成はガイドラインのみならず、この4条にも違反しています」

　つまり、首相と省庁幹部の面談は、4条のいう「意思決定の過程」そのものなのだから、方針に影響があったかどうかにかかわらず、記録はつくるべきだというのだ。

　さらに、官邸が「首相面談の記録はレクに来る省庁側がつくり、保存すべきだ」として、その責任を省庁側に丸投げしている点も疑問視する。

「ガイドラインは、打ち合わせ記録の正確性を確保するために相手側の官庁に発言内容を可能な限り確認するよう定めているのです。一方がつくった記録を、双方が保存することを想定している。その想定から官邸だけが除外されることはありません」

そして、後悔と怒りがないまぜになった言葉を吐き出した。

「ガイドライン改定時に、首相面談の記録が官邸で保存されない事態になろうとは考えもしなかった。記録がなければ、これだけ長く在任する安倍首相がどんな政策決定をしたのか検証できなくなる。歴史が残されなくなるという意味でも大問題でしょう」

三宅弁護士の話を聞いているうちに、わたしはこの少し前に中井参事官とかわしたやりとりを思い出していた。官邸が記録をいっさい残さず、省庁に作成と保存を「丸投げ」している件だ。

中井参事官は「こういう話が記事に出たんで、民間に勤めている友だちに雑談ベースで聞いてみたんです」と切り出した。

「そしたら、わたしの民間の友だちは『そんなのするわけねえだろ』というのがほとんどだったんです。記者さんが部長や社長に説明する機会があったときにですよ、やりとりのメモを全部残していますかという気もするんですけど。なんで、役所だけ、それを官邸で残さなきゃいけないのかな、と」

「そんなのするわけねえだろ」というのが本音なのだろう。中井参事官は最初の取材のときも、首相が省庁幹部から受けとるレク資料を捨てている背景についてこう述べていた。

「一般の企業さんでも、たとえば社長に各部がご説明するときに、社長のところに全部資料をそろえているかとなると、それはそうではないですよね。各部にそれぞれちゃんとあってということですよね。というのと基本は一緒かなと思います」

つまり、首相は企業の社長、官邸は社長室と考えれば、官邸で記録を残すことのおかしさがよくわかると言いたいのだろう。

しかし、霞が関の中央官庁は巨大な組織だ。首相は省庁幹部と年間1000件近い面談をこなす。それなのに、官邸は、首相がいつ、だれと、何を話したのかがわかる記録をいっさい残していない。面談内容をあとから確認する必要が生じたときに困るのではないか。

「基本的には総理秘書官などが省庁に『あのとき、来ていたよね』と問い合わせている。省庁がいつごろ何の案件で官邸に来たかわかれば、くわしい記録がなくても用は足りるんじゃないかと思いますけどね」

おそらく、中井参事官の言っていることは官邸詰めの官僚たちの常識なのだろう。小泉政権で首相秘書官を務めた小野次郎氏もわたしたちの取材に「総理面談の内容は省庁に聞けば確認できる」と証言していた。そして、こうした常識の上に、官邸が首相面談の記録の作成、保存をいっさいしなくてもガイドライン違反に当たらないという理屈が組み立てられ、菅官房長官の口を借りて会見で説明されているのだ。

首相を企業の社長と同列視する主張について、再び小谷允志・記録管理学会元会長に聞いてみた。小谷氏は大手事務機器メーカーに勤めた経験をもつ。企業の記録管理についてもくわしい。

「今の企業では、社長への説明はパソコン画面などに表示して行われ、説明資料のデータは社長側にも保管されます。重要な打ち合わせは、秘書室などがいつ、だれとどんなやりとりをしたかがわかる記録を残します。それがなければ、その後のフォローや適切な指導ができず、社長の任務がはたせないからです」

さらにこう続けた。

「そもそも企業と国を同一に論じるのは論理のすり替えです。国は国民から税を取り、憲法や法律で国民の生活と安全を守る義務と責任を負い、説明責任もある。株主に対してのみ一定の責任を負う企業とはまったく異なります」

公文書管理法は、公文書を「国民共有の知的資源」とうたっている。つまり、公共財とみなしているのだ。民間企業の記録とはまったく別物で、管理のありかたも当然ながら変わってくる。しかも、公文書のなかでも首相の記録の重要度は極めて高い。にもかかわらず、官僚たちはなぜそうした認識をもたないのだろうか。

官僚制度の問題にくわしい新藤《しんどう》宗幸《むねゆき》・千葉大名誉教授（行政学）の意見も求めた。『官僚制と公文書――改竄、捏造、忖度の背景』（ちくま新書）の著書があるなど、公文書の分野にも精通している。

「首相が官庁幹部と官邸で面談するのは、レストランでの私的な会食とはわけがちがいます。官庁幹部との面談では高度な秘密もやりとりされるから、すぐにすべてを公開する必要はありませんが、記録は必ず残しておかなければならない。国民に検証する手立てがなくなり、権力の乱用を許してしまうからです。

新藤宗幸・千葉大名誉教授

国政運営にも支障が出る。最近の重要政策は官庁間をまたがり、利害がぶつかることも多い。官邸の調整機能はますます重要になっています。官邸に記録がなければ、利害調整ができず、安倍首相がしばしば口にする『リーダーシップ』の発揮などできるはずがない。

　官僚が記録を残さないのは首相へのそんたくだけではありません。官僚の精神には今でも『官尊民卑《かんそんみんぴ》』があり、国民には何も知らせる必要はないという意識がある。安倍政権は個人よりも国家を優先させる国家主義が強く、もともとあった秘密主義がさらにひどくなっているようにみえます。

現状を改善するには、政治家と官僚が民主主義を支える公文書の役割や、国の歴史を後世に残す責任をしっかりと認識する必要がある。官邸こそが、首相面談の記録義務を自分たちの文書管理規則に率先して書き込むなどして全官庁に範を示すべきでしょう」

わたしたちは、三宅弁護士のインタビュー、中井参事官とのやりとり、小谷、新藤の両専門家のコメントを２０１９年６月24日の朝刊にまとめて掲載した。

三宅弁護士の「明確なガイドライン違反だ」という発言は1面でニュースとして報じた。ガイドライン改定を審議した当事者の発言は意味があるからだ。

---

**首相面談記録未作成「官邸は指針違反」　改定審議委員明言　省庁と同様義務**

官庁間などの打ち合わせ記録を作成することを義務化する改定公文書ガイドラインを審議

---

した元公文書管理委員会委員長代理の三宅弘弁護士が、取材に応じた。安倍晋三首相と官庁幹部が官邸で面談した際の議事概要などの記録が作成されていない問題について、三宅氏は「明らかなガイドライン違反だ」と明言した。菅義偉官房長官は3日の記者会見で「ガイドラインに反していない」と主張したが、改定に関わった当事者は真っ向から否定した――

「ガイドライン違反だ」という三宅弁護士の発言を報じた6月24日、わたしたちは菅官房長官の定例会見を注視していた。菅氏は午前の定例会見で、毎日新聞の政治部記者と東京新聞の望月記者からそれぞれ「三宅発言」に対する見解を求められ、「(ガイドライン違反に当たるとは)思っていません」と短く答えて、こう述べた。

「あのー、いちいち有識者の方に政府の立場でコメントすることはひかえたいというふうに思います。(首相面談の記録は)政策を所管する立場から説明、報告を行ったそれぞれの行政機関において作成、保存すべきものである、こう考えます」

記録は官庁の責任で行うもの――これまでの説明と何ひとつ変わらなかった。

# 第七章　官房長官の〝ウソ〟

政府のスポークスマンである官房長官は、官邸内では政府の重要案件の事務をとりしきるなど、大きな権限をもっている。省庁の幹部と官邸内で打ち合わせる回数は首相より多いと言われているが、官邸内での活動実態は首相のそれより厚いベールに包まれている。首相と同様に、官邸内でだれと会い、どんな報告を受けたかは基本的に公表されない。しかも、首相の場合は官邸詰めの記者たちが面談相手を確認して首相動静のなかで報じているが、官房長官の面談者が同じように報じられることはない。

菅氏の在任期間は6年を超え、歴代長官のなかで最長となっている。官房長官の記録も残すべきものが多くなっているのは容易に想像できる。菅氏は、わたしたちが報じた首相の記録の問題をことごとく否定し、「適切に管理している」と繰り返してきた。では、その菅氏の記録は「適切に管理」され、きちんと残されているのだろうか。

わたしたちは、首相の記録の取材と並行して、官房長官の記録についても調べていた。

内閣官房には、首相面談の記録と一緒に、官房長官面談の記録も開示請求していた。請求したのは、幹部が菅氏と面談した際に使った「レク資料」とその際のやりとりを書き記した「打ち合わせ記録」。17年12月に公文書管理のガイドラインが改定されてからの1年分で、これも首相面談記録の請求期間と同じにした。

内閣官房は、首相の直轄で、国の重要政策の立案や調整、大規模災害対応を担当している。その幹部たちは、首相よりもむしろ官房長官の判断をあおぐことが多いはずだ。というのは、内閣法は官房長官が「内閣官房の事務を統括《とうかつ》する」と定めているからだ。しかも、ガイドラインの公式解説集には「事案の決定権者への説明は記録を作成する」とも書かれている。首相面談と同様に、「方針に影響をおよぼした」かどうかに関係なく、記録はつくられていなければおかしい。

だが、開示された結果を見ると、官房長官の記録の状況は首相のそれとまったく同じだった。開示された「レク資料」は38件。そしてやはり、これらの資料が使われた面談の「打ち合わせ記録」は一件もないと回答されたのだ。

内閣官房の担当者は打ち合わせ記録がない理由について「報告内容が問題なく了承されたため、記録をつくる必要がなかった」「方針に影響をおよぼさなかった」と、これもお決まりのセリフを繰り返した。
レク資料から判明した面談のテーマは、「台風21号・北海道胆振東部地震の復旧・復興支援」「外国人材の受け入れ」「G20大阪サミットのセキュリティー確保」「弾道ミサイルを想定した住民避難訓練」などで、これも首相面談と同様に重要なものばかりだ。しかも、なかには「登下校防犯プランを決定するための方針伺《うかが》いに関するレク」と題されたものもあった。「方針伺い」とある以上、菅氏の判断が方針に影響をおよぼした面談が含まれていたのは明らかだ。

わたしたちは、官邸にも、同じ期間の面談の記録を請求していたが、こちらもやはり「不存在」という回答が返ってきた。官邸は、首相面談の記録と同じように、レク資料はすべて「保存期間1年未満」にして面談後すぐに廃棄し、「打ち合わせ記録」はいっさいつくっていないのだろう。内閣総務官室の中井亨参事官は「そりゃあもう、対応は同じです」とあっさりとその事実を認めた。

そうなると、首相面談のように、情報漏えいを警戒して記録要員を入れさせない対応も同じなのではないか。

わたしはある官僚OBを訪ねた。退官前に菅氏と官邸で何度も面談している。普段はどんな質問でも答えてくれるが、このときは「菅さんは怖いからなあ。わたしがしゃべったとは絶対に書かないでね」と何度も繰り返して、渋々口を開いた。
「総理と面談するときと同じように、出席人数が制限されるんだ。メモはとれない。あとから記録をつくっても、情報公開請求の対象になる公文書にはしにくいんだよ」
わたしたちが菅氏の記録も残されていないと報じたのは、2019年7月3日の朝刊だ。

**官房長官面談も記録なし　内閣官房「必要ない」**

安倍晋三首相が官庁幹部と面談した際の議事概要などの記録を首相官邸が作成していない問題で、官邸は取材に対し、菅義偉官房長官と官庁幹部の面談記録についても同様に作成していないことを明らかにした。菅氏が面談で官庁から受け取った説明資料も、首相面談での対応と同じく終了直後に全て廃棄しているという。政府の重要案件を取り仕切る菅氏についても、その指示や官庁との協議内容が事後に検証できないブラックボックスにされている――

公文書管理にくわしい早川和宏・東洋大教授（行政法）はこの記事にこんなコメントをよせ

早川和宏・東洋大教授

た。

「『首相の女房役』とされる官房長官が首相に代わって重要政策を決定しているケースは多い。官房長官が判断の参考にした説明資料やだれとどんな話をしたか記す打ち合わせ記録は、国の意思決定過程を検証するために不可欠な文書だ。加計学園問題などの教訓を生かす気がないと言わざるをえない。旧来型の密室行政は時代遅れだ」

早川教授があげた加計学園問題では、菅官房長官の発言が忘れられない。17年5月、文部科学省の内部文書が流出したときのことだ。

学園は国家戦略特区制度を使って獣医学部を開設しようとしていた。流出文書には、特区担当の内閣府幹部が学部の早期開設は「総理のご意向」と言ったと書かれていた。学園理事長は安倍首相の親友だ。内閣府が首相の意向を受けて文科省に学部開設に向けた手続きを急ぐように迫った——そんなふうに読める内容だった。流出文書はその後の調査で文科省の職員がつくった「本物」と判明するが、菅氏は流出直後の会見でこう述べていた。

「作成日時だとか作成部局だとか、そういうのが明確になってないんじゃないでしょうか。通常、役所の文書とはそういう文書ではないと思う」

「だれが書いたかわからないじゃないですか。そんな意味不明なものについて、いちいち政府が答えるようなことじゃない」

「怪文書みたいな文書じゃないでしょうか。出所も明確になってない」

怪文書みたいな文書——しかし、文書がつくられた時期に文科省の事務次官だった前川喜平氏が記者会見にのぞみ、「確実に存在していた。あったものをなかったとはできない」と〝本物〟と認め、こう説明した。

「一連の（流出）資料はいわゆるレク資料といわれるもので、部下が上司に説明するときに使う。複雑な課題を要領よく要点でまとめて、わかりやすく整理したペーパー。通常は日付も担当課の名前もつけない。保存用ではなく、説明するためにつくっている」

官僚組織のトップである次官経験者が「レク資料」は「保存用ではない」と断言している。ようするに、公文書としてあつかわれないケースがあるということだ。

官僚たちも取材にこう証言した。

「レク資料はまぎれもない公文書だが、口頭説明の一部という位置づけなので、表向きは存在しないことになっている」

「証拠を残すことになる作成者名や日付は書かないのが慣例で、報告の手前で幹部から『消してこい』としかられる」

「政治家の意向を政策にどう反映させるか上司の判断をあおぐ際につくることが多い」

つまり、わたしたちに開示された首相や官房長官用の「レク資料」は一部にすぎず、政治家に関する記載のないものに限られている可能性があるということだ。

菅氏は、レク資料を「怪文書」と言い放ちながら、その存在を知っていたはずだ。会見では「作成日時や部局」の記載のないものは「役所の文書ではない」とも言ったが、わたしたちに開示された菅氏用の「レク資料」にはそれらの記載のないものが含まれている。レク資料がどういうものかを知らないはずがないのだ。

ある官房長官経験者は見抜いていた。

「官房長官が官僚から見せられる文書の9割には日付も担当課名も書かれていない。菅さんがレク資料を『怪文書』と言ってのけたのは、官僚が表に出せないことを熟知しているからだろう」

「記録は適切に管理している」――そう繰り返す菅氏の説明を信じられるだろうか。

わたしの手元に、1枚の公文書がある。文書のタイトルは「菅官房長官レク概要」。総務省幹部が菅氏と官邸で面談した際のやりとりを記録したものだ。

17年12月に公文書管理のガイドラインが改定される直前の同年11月に開示請求して入手したものだ。わたしたちはそのころ、公文書問題のキャンペーン報道を始めるための事前リサーチの一環として、各省庁に対し、幹部が首相や官房長官らと面談した際の記録を請求していた。ところが、首相の面談記録は出てこず、菅氏との面談記録がこの1件だけ出てきたのだった。

文面を見てみると、「菅官房長官レク概要」というタイトルに続き、総務省の統括官ら4人と菅氏、秘書官の計6人が17年9月6日、「官邸菅官房長官室」で面談したと記載されている。面談時間は「14：00〜14：02」。わずか2分だ。面談のテーマは、総務省設置の統計委員会の有識者委員の人選の相談だったようだ。〈主なやり取り〉とある下に、官房長官と統括官の会話が次のように記されている。

官房長官：この話（委員会のこと）は、よく知っている。西村先生もよく知っている。統計委員会の先生方も真面目にしっかりやっていると承知。これで（全員留任で）結構です。

統括官：ありがとうございます。

官房長官：どうだ、（統計を取り巻く状況は？）変わっただろう。

統括官：はい、変わりました。大きな流れをつくっていただきました。

官房長官：そうだろう。

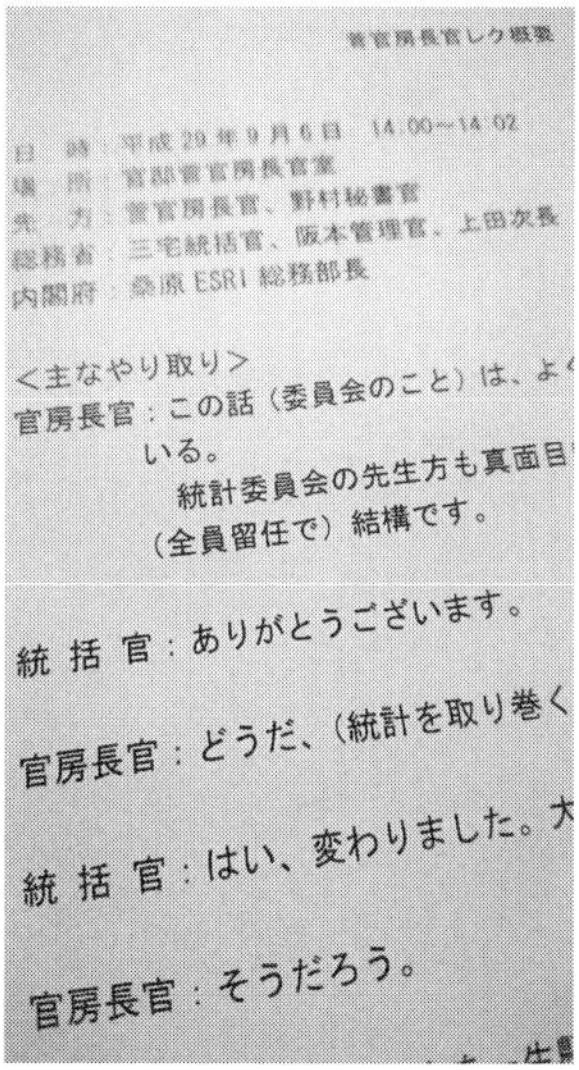

菅官房長官レク概要

日　時：平成29年9月6日　14:00～14:02
場　所：官邸菅官房長官室
先　方：菅官房長官、野村秘書官
総務省：三宅統括官、阪本管理官、上田次長
内閣府：桑原ESRI総務部長

＜主なやり取り＞
官房長官：この話（委員会のこと）は、よく
いる。
統計委員会の先生方も真面目
（全員留任で）結構です。

統括官：ありがとうございます。

官房長官：どうだ、(統計を取り巻く

統括官：はい、変わりました。大

官房長官：そうだろう。

情報公開請求に開示された「菅官房長官レク概要」

統括官：わたし達も委員会を一生懸命支えていきます。

文中の「西村先生」とは、統計委員会の西村清彦委員長のことだ。この翌月、このやりとりのとおり、西村氏を含む委員13人が全員再任されている。

この文書にある（委員会のこと）や（全員留任で）などのカッコ内の文字は、この文書の作成者が菅氏の発言の意味をおぎなうために書き足したものだ。つまり、菅氏の発言を一言一句、正確に再現したものといえる。

「どうだ、変わっただろう」という菅氏の発言を（統計を取り巻く状況は？）とおぎないながら、そこに「？」をつけているところをみると、記録の作成者は、菅氏が何が変わったと言っているのかはっきりとわからなかったのだろう。統括官も菅氏の発言の意味がわからないまま「はい、変わりました」と応じていたのかもしれない。

この短いやりとりからは、定例会見では見られない菅氏の権力者としての顔が浮かび上がる。「どうだ、変わっただろう」「そうだろう」という菅氏の言い方。「はい、変わりました」「大きな流れをつくっていただきました」という官僚の応じ方。両者の力関係がはっきりとわかる。

ただ、この記録が意味する最も重要なことは、官僚たちが官房長官とのやりとりを異常なまでに詳細に記録しているということだ。当然ながら、この総務省の幹部らは、安倍首相と面談した際も同じような詳細な記録をつくることだろう。

官僚たちは官房長官や首相とのやりとりを詳細に記録することがある。「菅官房長官レク概要」はそのことを示している。それにもかかわらず、17年12月のガイドライン改定後、わたしたちはこうした記録を目にしていない。

わたしたちは、ガイドライン改定から半年後の18年6月にも、各省庁に同じように首相と官房長官と面談した際の記録を請求していた。ところが、「探したがなかった」「請求範囲が広すぎて対象文書が特定できない」などとして軒並み「不開示決定」を下された。

ガイドライン改定前に「菅官房長官レク概要」を開示した総務省も、改定後の記録については「探索したものの、その存在を確認できなかった」として「不存在」と回答してきた。

こうした経緯があったため、さらに半年後の18年12月から、鳩山、福田両元首相が証言した官邸の記録管理の実態などを参考に、首相面談で使われている「レク資料」を特定して請求したり、新聞の首相動静で報じられた面談から16の面談を抽出して請求したりしたのだった。

しかし、こうした開示請求を繰り返しても、ガイドライン改定後、安倍首相と菅氏が面談で発言した内容が記録された文書は開示されていない。もちろん、わたしたちはすべての省庁を調べ尽くしたわけではない。どこかの省庁にきちんと保存されていて、わたしたちが知らないだけかもしれない。だが、「菅官房長官レク概要」を見ると、こんな疑念が浮かんでくるのだ。ガイドライン改定以降、首相や官房長官とのやりとりの記録がつくられなくなったのではないか。あるいは、つくっても公文書にしなくなっているのではないか、と。

# 第八章　官僚の本音

２０１９年７月、わたしの疑いを確信に変えるような「結果」がもたらされる。内閣官房から、首相面談と官房長官面談の記録を追加で開示するという通知が届いたのだ。

この３カ月前の19年４月までに開示された「レク資料」の追加分だ。

おさらいすると、わたしたちは17年12月の公文書管理のガイドライン改定後から約1年分の首相、官房長官面談の記録を内閣官房に請求していた。これまでに、首相面談の47件の「レク資料」、官房長官面談の38件の「レク資料」が開示されたが、この計85件分の面談の「打ち合わせ記録」は一件もつくっていないとされた。このことはすでに報道している。

今回の追加分は、黒塗り作業などに時間がかかっていたため開示が遅れていた「レク資料」で、新たに首相面談の32件、官房長官面談の１１９件が開示された。やはり、この分の面談の「打ち合わせ記録」は一件もつくられていなかった。

すでに開示されている「レク資料」と合計すると、首相面談は79件、官房長官面談は157件となる。つまり、内閣官房は、1年の間に首相、官房長官と250回近い面談をしながら、「打ち合わせ記録」を一件もつくっていないのだ。言いかえれば、ガイドラインが定義するような、方針に影響をおよぼす面談が1年を通じて一回もなかったことになる。首相や官房長官を相手にした面談でそんなことがあるはずがない。

この事実は、これまでの菅氏の説明とかけ離れている。菅氏は「首相面談の記録はそれぞれの行政機関において作成、保存すべきもの」「行政機関においてしっかり対応している」と繰り返してきた。内閣官房はその行政機関のひとつだ。しかも、菅氏は内閣官房の事務を統括する立場にもあるのだ。

開示されたレク資料から面談の内容を見ていくと、ますます不自然に思えてくる。

新たに判明した首相面談のテーマは、「観光戦略」「国土強靭《きょうじん》化計画」「健康・医療戦略」「女性活躍」「環太平洋パートナーシップ協定（TPP）」「ニッポン1億総活躍プラン」「人生100年時代構想」などで、日本の針路を決めるような重要政策ばかりだ。

官房長官のほうも、「北朝鮮漁民の漂着事案」「北朝鮮拉致問題」「訪日外国人への医療の提供」

「消費税の軽減税率制度」「東京一極集中の是正」「東京五輪の準備」「カジノ管理委員会」「ギャンブル依存症対策」などで、実務的なものが多いものの重要案件ばかりなのは変わらない。

一方、内閣官房は「打ち合わせ記録」をつくらなかった理由について「方針に影響をおよぼさなかった」「報告内容が問題なく了承されたため」などと繰り返すのみで、要領をえない。

「打ち合わせ記録」がつくられていない背景をさらにくわしく知る必要がある。わたしたちは、新聞の首相動静にもたびたび名前が出る、ある省庁の次官級幹部に面会のアポイントを入れた。

1週間後。霞が関にそびえるビルの上層階に向かった。広い個室に通され、名刺をわたして来意を告げると、幹部は困ったような顔をした。そこで、この幹部が首相と重要案件で面談した際の「打ち合わせ記録」がつくられていない事実を伝え、証拠となる資料をテーブルの上にすべらせた。しばらく沈黙が続いたあと、「オフレコが条件だ」と言って、わたしたちの質問に答え始めた。

――首相と面談した際の「打ち合わせ記録」をつくっていない理由は。

「打ち合わせ記録をつくるかどうかは、人によると思うが、そもそも、あまりつくるという発想がない」

――発想がない？

「議事録をとっておくような正式な会議であればつくるでしょう。それ以前の報告や打ち合わせを、いちいちという言葉はややあれですが、記録をつくって公文書としてとっておくという話にはならないのではないか」

――公文書管理法やガイドラインでは記録を残すことになっている。

「そういうルールができたのは、ここ10年ぐらいでしょ。若い職員はわからないが、わたしの若いころからの慣習からすると、そういうものを残しておくという発想がない。最後に決まったものがあればいいんじゃない」

――公文書管理法やガイドラインにしたがえば、最後に決まったことが書かれた記録だけでなく、政策立案の過程を検証できる記録を残さなくてはならない。

「政策の過程はものすごく、毎日のように変わる。ポイント、ポイントでとっておけばいい話。

固まったところさえ残っていればいい。過程のなかで総理などといろいろやりとりはあるかもしれないが、それを公文書として残しておく発想は正直いってないね」

――過程の記録を残しておかないと、あとから困るのでは。

「基本的に困らない」

――それはメモを残しているからだろう。

「面談が終わったあとにメモをつくることはあるよ。ただ、それは公文書ではなく、自分のメモ。『こんなこと言っていたな』とか、自分の手持ちの資料に軽くメモしておくくらいで、それも公文書としては残さない」

――メモを公文書にすると、情報公開請求の対象文書になる。

「そういう発想よりも、そもそも、プロセスの記録を公文書として残しておく必要があるのかということ」

――首相面談で出た指示の内容ぐらいは「打ち合わせ記録」として残すべきでは。

「その人、その人の判断だね。公文書で残す人もいれば、私的に残すなどいろいろなやりかたがある。基本的に公文書として残しておくべきものは、総理面談で使ったレク資料。それをもって面談記録だとすればいい話だ」

——レク資料だけでは首相がどんな反応をしたのかがわからない。

「レク資料が残っていれば、首相の発言をわざわざ公文書にして残しておく必要はない。首相はレク資料どおりに理解して了承した。それ以上でもそれ以下でもないんだよ」

幹部の話をここまで聞いて、わたしは違和感を覚え始めていた。まず、政策決定の過程まできちんと記録するよう定める公文書管理法の趣旨を完全に無視していることだ。さらに、レク資料だけ残せばいいとしている点もおかしい。レク資料だけでは、首相が了承したのか、否定したのか記録ベースで確認できなくなる。首相が了承した政策があとから問題になっても、「了承などしていない」といくらでもごまかせてしまうからだ。

——首相がレク資料のとおりに了承したという事実を記録すべきでは。

「レク資料が残っていれば、公的にはそれで了承されていることになる。公文書として、総理の発言を議事録的にとっておく必要性はない。会話で残すべきものなんて限られたものでしょ」

この説明にしたがえば、首相が了承したかどうかは、官僚の記憶次第ということになる。これ以上聞いても堂々めぐりになる。話題を変えた。

――首相面談のやりとりをメモすると官邸から注意されるという話を聞いた。

「むかしから面談のやりとりをメモする感じではなかった。録音もさすがにしない」

――なぜ？

「これも本当にオフレコだが、総理や官房長官、大臣もそうだと思うが、自分の言っていることをそのままメモにとられるのを好まない。日本の官邸も、アメリカの大統領執務室のように、会話がすべて録音されると決まっているならね」

――ルールがあれば記録することができる、と。

「官邸内での総理とのやりとりを全部記録するというならね」

――つまり、今の官邸では首相面談のやりとりは記録しないことが前提になっている。

「そういう意味だ」

――官邸は情報漏えいを警戒して首相面談に記録要員を入れさせないとも聞いている。

「官邸に記録要員はあまり連れて行かない。それは（組織内で）引き継いでいる」

――首相面談のやりとりの記録がないのは異常ではないか。

「本当にオフレコのオフレコで話すと、じゃあ、やりとりを全部残しましょうというルールにするじゃない。そうなれば公文書として残すよ。ただし、記録されるのがわかっている面談では冗談も言えない。結局シナリオどおりの形式的な記録しか残らない。それで意味があるのかということだよ」


前触れなく始めたインタビューだったが、幹部とのやりとりは次第に熱を帯びていった。幹部は、記事になる材料を与えないように慎重に言葉を選びながらも、「首相面談のやりとりが記録できない状態にされている」ことを暗に認めている。こうした微妙なリップサービスをする一方で、「ガイドラインという建前をもち出して『打ち合わせ記録がないからよろしくない』

と批判する記事ではなく、どういう記録を残すべきか突きつめた記事にしないと意味がない」と、わたしたちをけん制するのも忘れなかった。

だが、政権中枢と日々接する立場の次官級幹部から得られた証言は貴重だった。首相面談の記録がつくられていない背景に、公文書に対する幹部の意識の希薄《きはく》さがあることがはっきりとわかったからだ。

## 実験

そもそも、「打ち合わせ記録」はなぜ大事なのだろうか。政府の有識者委員をしているある著名な大学教授が、匿名を条件にしながらも、歴史学の観点からそのことを語ってくれた。わたしにとっては興味深い話だった。

「歴史研究をやっている立場からすると、『レク資料』よりも、総理の反応が書かれた『打ち合わせ記録』のほうがおもしろいわけです。総理が官僚の説明をどう解釈したのか、レク資料をどう読んだのかが大事なんです。ある政策の説明を受けて、実はあんまりやりたくはないけど、ここまで積み上がってきて、事務方がやるって言っているからしょうがないというケースもあるでしょう。それぞれの案件の決定には、そういう微妙なニュアンスがあるはずです。レク資料が残っているからといって、総理が何も考えることなく了承するなんてありえません。

わたしたちは、総理がレク資料の内容を了承するまでのやりとり、そのときの総理の反応が知りたいのです。極端なことをいえば、次の選挙が近づいてきたから、本当は嫌なんだけど、これを通しておかないと有権者がどう反応するかわからないとか、本当は先送りしたいんだけど、選挙日程の関係からしょうがないというようなこともあるでしょう。それは、総理が本心からやりたくて、ずっと以前から『やるぞ』と意気込んでいた政策とはちがうわけです。政策が生まれたという結果は同じなんだけど、総理がどう反応し、どんな発言をしたのかというのは、やっぱり将来の国民がその内閣を評価するときの大きな判断材料になると思うのです」

わたしたちはある実験をすることにした。

特定のテーマを選んで「打ち合わせ記録」がつくられているかを確認する試みだ。選んだのは、18年末から19年春にかけて連日のように報道された「毎月勤労統計の不正調査」の問題だった。

不正な調査であやまった統計がつくられ、延べ2000万人以上の保険給付に影響が出た大きな不祥事だ。政府は不正調査の公表が遅れたことを野党に追及されたため、所管の厚生労働省が官邸に報告を上げるまでの経緯を公表していた。その狙いは政府の対応に問題がないことを証明するためだったが、わたしたちはその「官邸への報告」に着目した。

※

統計の不正調査の問題は、総務省統計委員会の委員長が18年12月13日に厚労省側に指摘して発覚した。

厚労省などによると、官邸への報告は次のような順番で行われたという。

①12月28日：厚労事務次官ら　↓　菅官房長官
②12月28日：厚労審議官　↓　首相秘書官
③1月15日：根本匠厚労相ら　↓　安倍首相

菅氏は①の12月28日の面談について「そのなかでしっかりと事案を精査するよう指示した」と国会答弁していた。

菅氏と同じ日にあった②の首相秘書官への説明については、安倍首相が「厚労省から秘書官を通じて報告を受けた。その際、わたしからは、しっかりと事案を精査するよう指示した」と国会で明かしていた。

③の19年1月15日の首相面談については、根本厚労相が「いろいろ説明するなかで（首相と）やりとりがあった。原因など一連の調査をしっかりやってくれと言われた」と報道陣に説明していた。

三つの面談では、首相や官房長官から何らかの指示があったのは当事者たちの弁からも明らかだった。そこでわたしたちは、官邸と厚労省側にそれぞれ三つの面談の「レク資料」と「打ち合わせ記録」を開示請求することにした。

衆院予算委員会で厚生労働省の毎月勤労統計問題について答弁する根本匠厚労相

繰り返しになるが、政府は、17年12月に公文書管理のガイドラインを改定して、官庁内やほかの官庁と「方針に影響をおよぼす」打ち合わせをした場合、記録をつくるよう全官庁に義務づけている。この規定にてらせば、３件の面談の打ち合わせ記録が残されているはずだ。

ところが、開示請求の結果は、またしても同じだった。

官邸からは、3件の面談の記録はいずれも「不存在」という回答が来た。

厚労省からは、3件の面談で使った「レク資料」は保有しているものの、いずれの面談でも「打ち合わせ記録」はつくっていないとの回答があった。

厚労省全体の文書管理の責任者である定塚由美子大臣官房長に書面で取材を申し込んだ。対応したのは、統計不正問題を担当する統計・情報総務室の飯田明子室長補佐だった。飯田室長補佐は、記録をつくっていない理由について「お伝えした方針を了承していただいたので、省の方針に影響をおよぼす打ち合わせには当たらないと判断しました」と答えた。これまで何度も聞いたセリフだった。

公文書管理法は、意思決定の過程まで記録するように定めている。首相に省の方針が「了承」された事実は意思決定過程そのものだろう。飯田室長補佐は「レク資料で意思決定の過程を検証できると考えている」と説明するが、これらの面談の「打ち合わせ記録」がつくられなかった事情を知る厚労省幹部は、その説明とは異なる証言をした。

「総理や官房長官面談の打ち合わせ記録がないのは、最初からつくる発想がなかったからだ。もともと、総理を含む国会議員の発言の記録は公文書として残さないことにしている」

この幹部の証言どおりなら、公文書管理法やガイドラインの規定などおかまいなしということになる。

さらに、厚労省の対応には不可解なことがあった。

厚労省は、保有していると認めた3件の面談の「レク資料」のうち、1月15日の根本厚労相と安倍首相の面談で使った「レク資料」については内容を全面不開示とし、面談のテーマが何であったのかさえ明かせないとした。

ところが、根本厚労相はこの面談直後に官邸内で記者のぶら下がり取材に応じて、統計不正の問題を「首相に報告した」と説明し、首相から指示があったとも明かしていた。省のトップである大臣が面談内容を公言しているのに、「レク資料」の内容だけでなく面談のテーマまで秘密にする必要があるのだろうか。

飯田室長補佐にそう聞くと、面談のテーマを明かすと「率直な意見交換が損なわれる」「不当に国民に混乱を生じさせる」おそれがあると繰り返した。これは情報公開法の不開示規定そのもので、それを単に読みあげているのだ。省のトップである根本厚労相が報道陣に面談内容を説明した事実を伝えても、「仮にそういう発言があったとしてもテーマは明かすことはできない」ととりあわなかった。

「打ち合わせ記録」はつくらず、「レク資料」はあるのに全面不開示とし、テーマまで隠す。これでは、国民生活に大きな影響をおよぼした不祥事への対応が、密室のなかで決められたことになる。

情報公開制度に精通するＮＰＯ法人「情報公開クリアリングハウス」の三木由希子理事長に意見を求めると、こんな指摘が返ってきた。

「大臣は報道されてもかまわない公開情報だと認識していたということです。厚労省は情報公開法の不開示規定を拡大解釈していると言わざるをえません」

わたしたちは２０１９年８月20日の朝刊で「実験の結果」を報じた。

## 首相らの指示　記録残さず　厚労省、統計不正問題で

毎月勤労統計の不正調査問題について、厚生労働省が安倍晋三首相と菅義偉官房長官に報告した際、その面談記録を作成していなかったことが毎日新聞の情報公開請求で判明した。国の公文書ガイドラインは、重要な面談をした場合、やりとりの概要が分かる「打ち合わせ記録」を作るよう定めているが、首相官邸での面談について官邸は「省庁側の責任で作るべきだ」として一切作成していない。厚労省の未作成によって、国民生活に影響を与えた不祥事に政権トップがどう対応したのか、事後的に検証できない状態になっている――

さらに、同じ朝刊で、「首相面談　テーマすら不開示　厚労省『法規定』タテに」という見出しのサイド記事も載せた。

国民生活に大きな影響を与えた統計不正について、安倍晋三首相や菅義偉官房長官との面談記録を厚生労働省は残していなかった。それだけでなく、根本匠厚労相が統計不正を「首相に報告した」と公言しているにもかかわらず、厚労省は情報公開請求に面談のテーマも明かせないと回答。首相とどのような協議があったのか、国民が事後に検証するのは事実上、不可能な状況だ――

※

この取材には続きがある。

厚労省の担当者らは、統計不正の問題を官邸に報告する前に、省内の幹部にも報告していた。18年12月13日に不正が指摘されたあと、省内での報告は3回あった。

①12月18日、厚労審議官ら省幹部3人に報告
②12月19日、事務次官らに報告
③12月20日、根本厚労相に報告

この3回の報告のうち、打ち合わせ記録がつくられていたのは、③の大臣報告時の面談だけだ。その「打ち合わせ記録」には、こう書かれている。

平成30年12月20日
大臣室
（概要）
宮川厚生労働審議官、大西政策統括官から、毎月勤労統計調査について、
①500人以上規模の事業所において全数調査とすべきところ、東京都において、抽出調査を行っていたこと
②抽出調査の結果に必要な統計的処理をくわえず、適切な復元処理を行わずに集計していたこと
を報告。
大臣から、経緯、原因等について、速やかに徹底的な調査を行うよう指示あり。

実際の文書に書かれている（概要）は7行。大臣の発言はそのうちの1行だけだ。面談でのやりとりはもっとあったはずなのに、根本厚労相が国会で答弁した発言の範囲内におさまっている。つまり、結論しか書かれていないのだ。しかも、この記録の作成日を見ると、面談から2カ月も後の19年2月14日とあった。調べると、野党側の求めに応じて国会に記録を提出する前日につくったものだとわかった。

「打ち合わせ記録」がつくられなかった事情を知る前述の厚労省幹部に再び聞くと、こう明かした。

「大臣からの指示は『しっかりやってくれ』という程度だから、本当ならつくる必要はなかった。だけど、上から『つくれ』と言われたからつくったんですよ」

打ち合わせ記録が面談から2カ月後につくられた点について、飯田室長補佐に聞いてみた。

「作成が必要な記録だということは認識しておりましたが、その時点でつくるということが困難だったので、結果として2カ月後になったということです。もともとつくる予定にしていました」

「上からつくれと言われたからつくった」という厚労省幹部の証言と食いちがっている。では、なぜ「作成が必要な記録」だと思ったのだろうか。

「大臣の発言で経緯や原因の徹底的な調査が省の方針になりました。ガイドラインにそった対応で、省の実施の方針などに影響をおよぼすものであったということです」

そうであれば、安倍首相や菅官房長官からの指示も同じように記録していいのではないか。

そう言いかけたが、返ってくる答えはわかっているので、別のことを聞くことにした。

飯田室長補佐は、統計不正問題の対応の中心にいる課長補佐級職員だ。文書作成や管理などさまざまな事務作業を担当している。今のポストに就いて1年近くになるという。これまでに「打ち合わせ記録」をつくったことがあるだろうか。わたしはこう聞いてみた。

飯田室長補佐は「あります」と言って、ためらいがちに続けた。

「えー、12月20日の記録です」

野党の指摘を受けて2カ月後につくられた大臣面談の「打ち合わせ記録」のことだ。

この記録のほかに「打ち合わせ記録」をつくったことはあるのだろうか。

「それ以外には、はい」

あいまいな答えだ。1年前に今のポストに就いてからつくったのはこの1件だけなのか。そう念を押した。

「はい、そうです」

めまいがした。実務をとりしきる課長補佐級の職員が1年の間に、打ち合わせ記録を1件しかつくっていない。しかも、野党の指摘を受けて渋々つくったものだ。そうであれば、打ち合わせ記録などだれもつくっていないのではないか。

飯田室長補佐は小さな声で言った。

「それはちょっとわからないですけど」

打ち合わせ記録がつくられていないのは、首相や官房長官面談だけではない。霞が関全体でのことではないのか。わたしはそう思った。

# 第九章　謀略

「方針に影響をおよぼさなかった」

官僚たちは「打ち合わせ記録」をつくらなかった理由をこう繰り返す。それが、たとえ首相や官房長官との面談であったとしてもだ。

公文書管理のガイドラインでは、記録が必要な打ち合わせを「政策立案や事務、事業の方針に影響をおよぼすもの」と定義している。だから官僚たちの説明が正しければ、記録をつくらなくてもルール上は何の問題もないことになる。

だが、わたしには、官僚たちがこの定義をタテにつくらないことを正当化しているとしか思えなかった。

そこで、「打ち合わせ記録」の作成を省庁に義務づけた２０１７年12月のガイドライン改定の過程で、この定義がどのように決められたのかを調べることにした。

おさらいすると、「打ち合わせ記録」の作成が必要とされたきっかけは、17年にメディアをさわがせた加計学園をめぐる問題だった。学園は当時、国家戦略特区制度を活用して今治市に獣医学部を開設しようとしていた。

ところが、学部開設を認可する文部科学省から、学園を優遇するかのような内容が書かれた文書が流出したり、内部調査で見つかったりした。こうした文書には、獣医学部の早期開設は「総理のご意向」だと特区担当の内閣府幹部が発言したことなどが書かれていた。学園理事長が安倍首相の親友だったこともあり、首相の意向を受けた内閣府が、獣医学部新設に慎重だった文科省に手続きを進めるよう迫った――そんな疑惑が浮かびあがった。

一方、疑惑発覚後、内閣府はこうした発言が記録された文書は庁内になく、発言した職員もいなかったと結論づけた。「総理のご意向」などと書かれた文科省の文書の信ぴょう性はゆらぎ、文科省も記載内容が不正確だったと認めたことから、結局、真相はうやむやになった。

改定ガイドラインでは、検証に必要となる正確な記録が省庁間に残されていなかった教訓をふまえ、「打ち合わせ記録」の作成義務がもり込まれたのだった。

ガイドラインに作成義務がもり込まれるまでの流れは次のとおりだ。

①17年9月、政府がまとめた改善策に「打ち合わせ記録」の作成義務が案としてもり込まれる。

②17年11月、内閣府公文書管理課が作成義務をもり込んだガイドラインの改定案をつくる。

③17年12月、有識者でつくる首相の諮問機関「公文書管理委員会」がガイドライン改定案を原案どおり了承する。

簡単にいうと、政府が改善策を立案し、それを所管の内閣府公文書管理課がガイドラインに落とし込み、有識者たちが了承した――という流れだ。

わたしたちは、主要な役割をはたした公文書管理課に対し、改定の具体的な経緯がわかる資料を開示請求することにした。

しばらくして、約3000枚の資料が開示された。

あることがわかった。公文書管理課が、ガイドライン改定案を公文書管理委員会に提示する

内閣府公文書管理課から入手した内部資料。「打ち合わせ記録」の作成義務に対する省庁の意見が書かれていた。

前に、各省庁に見せて意見を求めていたことだ。

資料のなかには、省庁からよせられた意見とそれに対する公文書管理課の回答をまとめたリストがあった。そこには「打ち合わせ記録」の作成義務に対する省庁の〝本音〟が書かれていた。その内容に、わたしたちは驚かされる。

※

最初に目に飛び込んできたのは、会計検査院のこんな意見だ。

「どのような場合に打ち合わせの記録を作成する必要があるのか明確ではなく、判断基準や例示などが必要だ」

規定では、記録すべき打ち合わせを政策立案などの「方針に影響をおよぼすもの」と定義している。それはガイドラインの改定原案も決定版も変わりはないが、この定義が「不明確」だと指摘しているのだ。

これに対して、公文書管理課は「各行政機関の業務は極めて幅広く多様。政策を所掌する各行政機関が最も適切な判断を下しえるであろうから、具体例を示すことは困難」と返している。会計検査院は、この回答では納得がいかないのだろう。再質問している。

「『方針に影響をおよぼすもの』について、どの程度の影響をおよぼすものを想定しているのか。何らかの基準を示していただくことはできないか」

だが、公文書管理課の回答はそっけない。

「合理的な跡付け、検証を可能とする観点から、各行政機関においてご判断いただきたい」

「合理的な跡付け、検証を可能とする」記録とは、公文書管理法が定めている基本的な公文書のことだ。この法律の定義もばく然としているから、この回答で会計検査院が納得したとはとても思えなかった。

さらにリストを読み進める。環境省のコメントに目がとまった。

「いかなる『打ち合わせ』であっても大なり小なり政策立案に影響をおよぼすものであり、すべての打ち合わせに記録作成という規定を厳格に適用されると、適切な行政運営に大きな影響をおよぼしかねない。具体的な線引きをご教示願いたい」

これに対する公文書管理課の回答は、会計検査院のときとほぼ同じで「実質的に判断してほしい」「具体例を示すのは困難」というものだった。

打ち合わせ記録の定義があいまいなため、省庁が困惑している様子が見てとれた。文科省は、困惑どころではなく、厳しい認識を示していた。

「具体例が考えづらく定義があいまいであることから、職員間や省庁間において認識に差が出てしまう」

これは、同レベルの打ち合わせでも、職員や省庁によって、記録をつくらないケースが出るということだ。これでは、文科省にあった記録が内閣府にはなかった加計学園問題の教訓が生かされない。

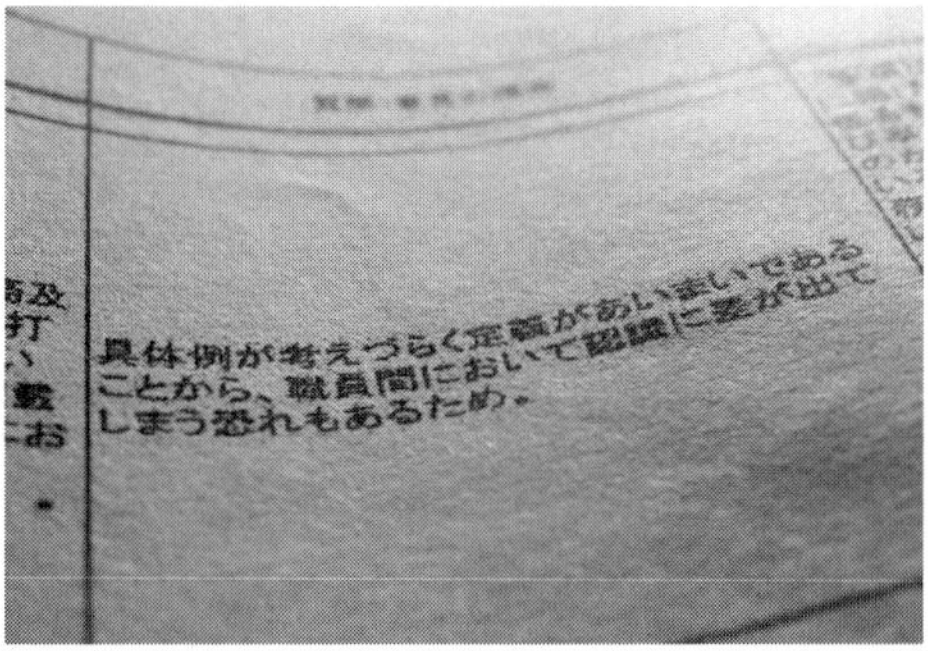


「定義があいまいであることから、職員間において認識に差が出てしまう」と記載された内部資料。すぐあとに「各省庁間において差が出てしまう」とのコメントもあった。

厚生労働省の指摘もほぼ同じだった。

「打ち合わせにはさまざまなものがあり、明確な範囲設定、基準がないと担当者らの主観で作成有無の判断が分かれる」

各省の指摘は続く。

「文書管理者によって判断にぶれが生じ、統一的な運用が困難になるのではないか」（復興庁）

「影響をおよぼすか否かの判断に迷うおそれがあ

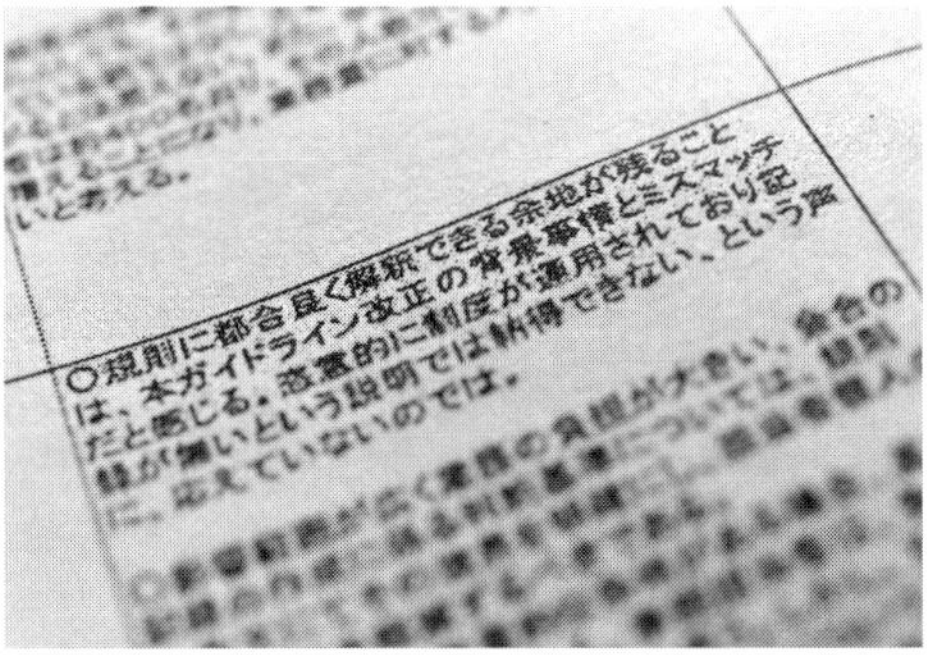


「都合よく解釈できる余地が残る」というコメント

る」（法務省）

省庁は「打ち合わせ記録」の定義があいまいだと指摘している。それゆえに、「作成の有無の判断が分かれる」「職員が判断に迷う」と訴えているのだ。このままでは記録がつくられないケースが出る。そう言っているにひとしい。

国土交通省の指摘はそのことをストレートに伝えていた。

「規則に都合よく解釈できる余地が残ることは、ガイドライン改正の背景事情とミスマッチ。制度が恣意的で記録がないという説明に納得できないという（国民の）声に応えていない」

さらにこう断言していた。

「（作成義務の）範囲が広く業務の負担が大きい。規則の運用に裁量的な余地がある場合、易《やす》きに流れるのが普通である」

やすきに流れるのが普通――つまり、記録をつくらなくなるのが普通だという意味だ。こうした声は、意見や指摘のレベルを超えている。もはや警告といっていい。

コメントはまだ続く。法務省はこんな質問もしていた。

「記録する例が示されていないのであれば、記録をしなかった場合、後に（方針に）影響があったことが判明したとしても、作成者らの責任は発生しないということか」

これは、必要な記録をつくらないケースが生じることを前提にした質問だ。厚労省も、似たような指摘をしている。

「日々の打ち合わせだけでも相当な業務量。これを記録し、関係者の認識を得たうえで文書とし、情報公開

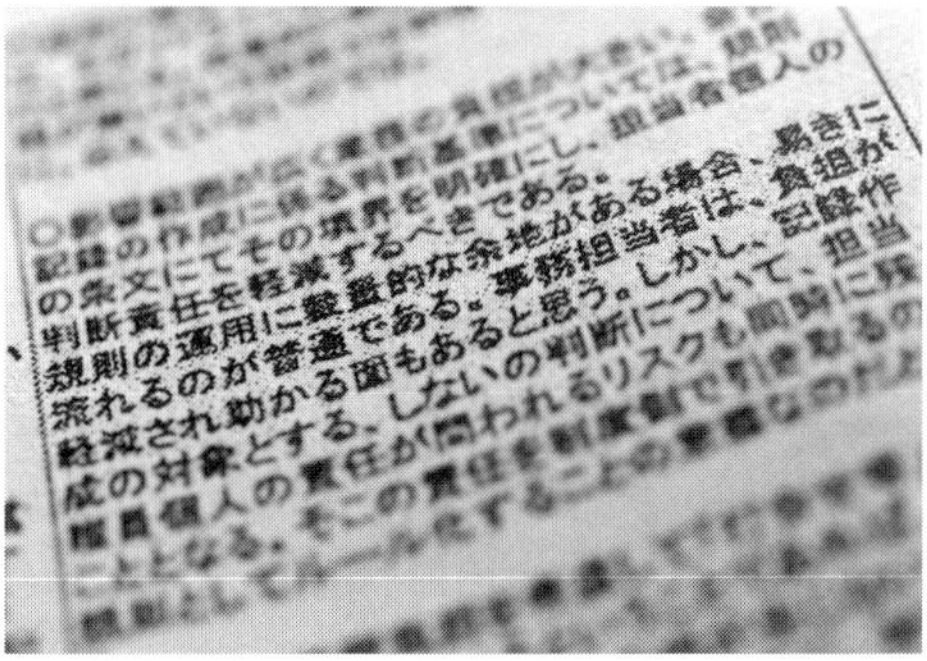

「易きに流れるのが普通である」というコメント

請求への対応を考えると、現在の人員では足りないため、記録を残さなくても問題ないことを確認しておきたい」

定義があいまいだと、つくる必要のある記録が際限なく増えてしまい、業務がパンクしてしまう。だから対象文書をしぼるために定義を具体的にしてほしい。それができないのなら、つくらなかったことがあとから問題になってもわれわれは責任をとらない——そう言っているのだ。

にもかかわらず、公文書管理課は「実質的に判断してほしい」「具体例を示すのは困難」などと、木で鼻をくくったような回答しかしていなかった。

結局、公文書管理課は、「打ち合わせ記録」の定義を修正することなく、ガイドラインの改定案にもり込み、公文書管理委員会から了承を得ていた。

だが、不思議なことに、公表されている公文書管理委員会の議事録に目を通しても、公文書管理課が省庁に意見照会をしたことや、省庁から厳しい指摘が出ていたことについての記載が見当たらない。「打ち合わせ記録」の定義についての目立った議論もなかった。

わたしは、公文書管理委員としてガイドラインの改定案を審議した三宅弘弁護士を再び訪ねた。

各省庁の意見がまとめられたリストを見せると、「知らなかったなあ、こんなことをしていたなんて」と言って文面に目を走らせた。国交省の「規則の運用に裁量的な余地がある場合、やすきに流れるのが普通だ」という指摘を見つけると、「これはすごいね」とつぶやいて続けた。

「わたしたち委員は公文書管理課が各省庁に意見照会していたことも知らされていません。省庁のこうした意見が委員会に伝えられていたら、議論になったのはまちがいない」

公文書管理委員会の有識者委員は7人。三宅弁護士以外の当時の複数の委員に取材を申し込んだところ、いずれも実現しなかったが、公文書管理課から省庁に意見照会をしたことを知らされなかったと認めた識者はいた。

公文書管理課は、省庁から「こんなあいまいな定義では職員が記録をつくらなくなる」と事実上の警告を受けながら何の手も打たなかった。そればかりか、省庁の意見や指摘を公文書管理委員会に伝えてもいなかったことになる。

公文書管理課は、どうしてこんな対応をとったのだろうか。

※

わたしたちは、首相官邸前にある合同庁舎14階の会議室で、畠山貴晃・内閣府公文書管理課長と向き合った。中央省庁の公文書管理をとりしきるキャリア官僚だ。

質問は事前に紙に書いて伝えてあった。畠山課長は、用意した紙をチラリと見ただけで、顔を上げて話し始めた。

「まずですね、ガイドラインは基本的には内閣総理大臣がつくるものなのです。必ずしも各省庁に対して意見照会をする必要があるものかと言われると、制度的にはそうなっていない。ただ、ガイドラインは各省庁にあまねく適用されることを前提としてつくりますので、省庁の意見を聞いたのです」

省庁への意見照会、つまり意見を聞くことは制度上の義務ではない。だから、意見を聞き入れる必要もない。そう言いたいのだ。ただ、これは前ふりにすぎない。畠山課長が早口で続ける。

「意見照会の目的を申し上げると、各省庁に対して、われわれがガイドラインの改定原案に書いた名称と省庁が使っている名称がちがうかどうかなど、事実関係を聞くためでした。ですから、各省からよせられた今回の意見、つまり、運用上どういうふうにするのがいいというような意見は、基本的にわれわれがつくる原案に影響をおよぼすものとは考えていなかったのです」

意見照会は、用語の使いかたにあやまりがないかなどを確認するためのもので、省庁の意見を聞くのが目的ではなかったということだ。しかし、公文書管理課が省庁に通知した文書には「意見照会」とはっきり書かれている。意見をよせた省庁の担当者が聞いたら怒り出すのではないかと思ったが、畠山課長は話を進める。

「公文書管理委員会に各省の意見を伝えなかったのはなぜかということですが、ガイドラインは、そもそも内閣総理大臣の責任で、ようするに内閣府が責任をもってつくるものなのです。ですから、内閣府の案として委員会にお示ししたという話です」

省庁からどんな意見がよせられようが、改定案は最終的に内閣府の責任でつくるのだから、公文書管理委員会に伝える必要はないという理屈だ。省庁の意見はガイドラインを審議する委員の判断材料として大きな意味をもつはずだ。三宅弁護士もそう言っている。この程度の説明ではわたしたちが納得しないと思ったのか、畠山課長は一呼吸おいて続けた。

「理由がもうひとつあるとすれば、当時の状況を考えても、各省庁の意見を委員会に出すということは、おそらく、ありえない情勢だった。今回のガイドライン改定は、各省庁にとっては規制強化的なものとして働く。それを積極的にやろうという意見よりも、それはむずかしいんじゃないのという意見が出てしまう。そうしたものをとりまとめて、(委員会の事務局である)わたしたち公文書管理課が委員会に提出すると、『お前たちはどっちの方向を向いているのか』と言われてしまう」

委員会への報告は「ありえない情勢だった」というのはどういうことなのか。わたしの表情の変化を見て、畠山課長が言葉をつけくわえた。

「ようするに、今、ガイドライン改定をやらないといけないのに、各省庁からはどちらかというと踏み込む意見はあまりなくて、ブレーキをかける意見ばかり。それを報告することこそが、まさに何か一定の目的をもって誘導しているふうにとられる可能性があったと思います」

17年は、自衛隊日報や森友・加計学園をめぐる一連の公文書管理の問題で政権批判が急速に高まっていた。安倍首相はこの年の6月の国会で「ガイドラインの見直し」を約束し、政府は年内のガイドライン改定を目指していた。しかも、公文書管理課が省庁に意見照会をした10月は、衆院選挙のさなかでもあった。年内に改定を間に合わせ、選挙への影響も避けるためには、改定にブレーキをかける省庁の意見などオープンにできるはずがない。「ありえない情勢」というのはそういう意味だろう。ただ、それは安倍政権と公文書管理課の都合でしかない。

畠山課長が続ける。

「あるいは、もっとフラットな環境のもとで、自由な議論をする環境、雰囲気があるのならともかくとして、当時の公文書管理をめぐるいろんな状況にかんがみると、どちらかというと、かたよっていると言うと各省は『そうではない』と言うかもしれませんが、そういうものを委員会に紹介することが本当にものごとを進めることになるのかという思いもあった。そういう観点からも紹介はしなかった」

質疑はここから始まった。

――公文書管理委員会の有識者は見識があるから選ばれている。改定に逆行する意見を聞いてもきちんと判断できるはずだ。「誘導」だと思われるから示さないというのはおかしい。

「やはり、できるだけ幅広い価値観から意見を聞くというのが必要だと思っている。最終的には、パブリックコメントの募集をやって委員会に提示した。そういう一定の価値観に染まっていないものを出すことに極めて大きな意味がある」

パブリックコメントとは、政策案を公表して国民の意見を幅広く募り、それを反映させる手法だ。

――省庁の意見や指摘は実務を反映したもので、パブリックコメントとは別物だ。省庁の指摘はポイントだけでも有識者に示す必要があったのでは。

「それはお考えとしてだと思いますけど、われわれとしては先ほど申し上げたとおりです。ガイドラインは、そもそも、われわれがつくるものだということです。言いづらいけれど、ブレーキを踏む方向の意見にかたよりがちのものを委員会に出すというのは、当時の環境からして『お前たち本当は何をやりたいんだ。ブレーキを踏みたいのか。自分から言えないから各省の意見として出しているのか』という話になるかもしれない。

一方で、各省からは『積極的にやろう』という意見がぜんぜん来ていない。『こんな意見、ぜんぜん、公平性ないよ』と言われるだけではないかと思ったのです。われわれは今でもそう思っています。だから、委員会に出すんだったら、パブリックコメントだと思います。そういうやりかたをしないと、われわれの事務局の運営自体の公平性に疑問がわいてくるんじゃないかと思ったのです」

2017年12月のガイドライン改定案を審議した国の公文書管理委員会の有識者たち

——有識者委員会の事務局が各省庁に意見照会したら、委員に伝えるのが普通では。

「それはそれぞれの委員会によるんじゃないですか。

たとえば、明確に『各省庁に意見を聞いて教えてよ』と委員会から言われたらそれは出すと思います。仮定の話をしてもしょうがないですけど、今回のケースでも、『ちゃんと各省に意見を聞いてくれ、これで回るのか、運用上の問題がないのか聞いてくれ』と委員会に言われたらやりますよね」

まるで、意見照会のことを言い出さなかった委員たちが悪いような言い草だ。

――そもそも、公文書管理課は意見照会したことを委員に伝えていない。そんな言い方をしたら、委員は怒るのでは。

「そうなった場合に考えますけど、われわれはだれに対しても同じことを説明すると思う。委員の先生たちに対する冒とくだとかそういう話じゃないような気もするので」

――そうだろうか。

「いや、わかりません。委員は7人いらっしゃいましたから、どういうお考えになっているかは計りしれないところですけど。事務局としては、だれかに責任を転嫁するわけではありませんが、出せと言われたら出したかもしれない。ただ、出すことによって、この議論に与えるマイナスの影響のほうがあるんじゃないかと思ったのはまちがいありません」

——省庁から「定義があいまいで記録をつくらなくなる」という指摘を受けながら、何の手も打たなかったのは不自然だ。

「あんまり言うとまた記事にされちゃうのであれですけど、ガイドライン改定では、これだけをやっていたわけではない。ものすごくいろんな論点があって、打ち合わせ記録の論点というのはわれわれとしてはそんなに……。各省への意見照会はだいたいそんなもんだが、最初は脊《せき》髄《ずい》反射のような意見がやってくる。極端な話ですが、各省が大臣まであげた意見かというと、そういうレベルではないと認識していますね」

つまり、打ち合わせ記録は改定議論の中心ではなく、省庁からよせられた意見もとるに足らないものだということだ。だが、本当にそうなのか。わたしたちの取材では、首相や官房長官面談の「打ち合わせ記録」すらつくられていない。「規則の運用に裁量的な余地がある場合、やすきに流れるのが普通だ」という国交省の指摘が見事に当たったとしか思えない。

——省庁の意見や指摘のとおり、記録がつくられなくなっているのではないか。あるいは、つくっても公文書にしていないのではないか。

「本当に方針に影響を与える打ち合わせがあったときに、記録がつくられていないとすれば、文書管理規則違反だということになります。で、そこを意識してでもつくらないということが各行政機関のありかたとしてありえるのかというと、わたしはそうは思いません」

回りくどい言いかただが、わたしの指摘は「的外れ」だと言っている。

——首相や官房長官が省庁幹部と面談した際の打ち合わせ記録もつくられていない。

「ここはまさに、跡付け、検証に必要な方針に影響をおよぼす打ち合わせがなかったということなんだと思います。各省がそういうふうに判断したのならそうなのでしょう」

——国のトップとの打ち合わせが、その定義から外れるという判断がありえるのか。

「まあ、ありえなくはないと思います」

——どんなケースならありえるのか。

「それはつくらなかった人に聞いてもらいたい」

畠山課長はわたしたちを見すえて、こう言った。

「正直申し上げると、ルールが100パーセント正しいというのはどの世界でもむずかしい。ただ、わたしたちは、この制度に影響を与えるほど不適切といえる材料を有していない。極端にいうと、跡付け、検証が必要な打ち合わせが100回、200回あったという証拠があるのに、打ち合わせ記録がまったくつくられていなかった。そういうことが判明したら、『それはいくらなんでも』ということになるかもしれませんけど」

文句があるなら、「200回分の不正の証拠」をもってこいということだ。

❁

畠山課長への取材と前後して、わたしは、公文書管理行政の実態を知る2人の内閣府関係者にたどり着く。

いずれも「匿名」が取材の条件だったが、最初の1人が明かしたのは、公文書管理委員会が事務局の公文書管理課にコントロールされている実態だ。

「公文書管理課は、公文書管理委員会をできるだけ上品にふるまってくれる有識者会議として使っていきたいと思っています。そういう意味でいうと、委員会に省庁への意見照会の結果を見せなかったのは当たり前だと思います」

この関係者の証言は、畠山課長の説明と大きく食いちがう。

「わたしとしても、こういう意見照会の資料はあるだろうとは思っていました。内閣府の幹部はいろんな想定をし尽くしてあいまいな定義にしたのでしょうが、有識者委員にはその大事なところは教えない。議論になるネタはできるだけ出さない。それが基本的なやりかたなのです。そういう情報を出すと、官僚の世界にはとても厳しい上下関係があるので昇進にもひびいてしまう。そういうなかで秘密主義がまん延しているのが現状です。

ただ、それは公文書管理課に限ったことではありません。官僚の間にある公文書管理の常識からいえば、省庁の厳しい指摘が書かれたこの種の文書などは絶対に出さない。つまり、官僚の本音、正体は見せないものなのです」

関係者はため息まじりに話を続けた。

「意見照会の結果は普通なら委員会に提出してしかるべきものです。そうすれば委員から質問が出たでしょう。ただ、残念ながら、公文書管理課は質問が出ても『宿題としてもち帰らせていただきます』と言って結局は何もしなかったはずです。それが官僚の当たり前のテクニックなのです。残念ながら、委員会で議論になってもあいまいな定義が変わることはなかったと思います」

もう1人の内閣府関係者は、打ち合わせ記録に反発した省庁側の思惑を語った。

「省庁は打ち合わせ記録をいちいちつくり始めたら仕事が回らなくなるというのが本音のようでした。ですから、あいまいな定義を具体化して、つくる範囲をしぼってもらいたかったのです。ただ、あのころはモリ、カケ、日報の件で公文書管理が政治問題化していたので、そんなことは表だって言える雰囲気ではなかった。うかつに言うとうしろ向きの省庁だと思われてしまうおそれもありました」

公文書管理課からの意見照会は、水面下で本音をぶつけるチャンスだったのだろうか。

「そうです。省庁からしてみたら、記録をつくらないことが仮に問題になったとしても、そもそも守れもしないルールを勝手につくった公文書管理課がいけないのだと言える。こっちは定義があいまいだとあれだけ指摘したのに、反映してくれなかったじゃないかといざとなったら言えますから」

公文書管理課にしても、省庁にしても、自分たちの都合から、意見照会の内容を表に出したくなかったということになる。極端にいえば、国民の目の届かない水面下で、省庁は記録をつくらないことを宣言し、公文書管理課はそれを容認した。これほど大事な議論にもかかわらず、公文書管理委員会の有識者は蚊帳《かや》の外におかれ、何も知らされぬまま了承だけさせられていた。こうして、はじめから骨抜きにされた改定ガイドラインができあがったのだ。まるで謀略のような話だ。

三宅弁護士にあらためて意見を求めた。

「公文書管理課が『委員会の指示があったら意見照会の結果を報告していた』というのは、責任転嫁と言わざるをえません」と一刀両断して続けた。

「公文書管理のルールをつくるときは、『記録はすべて残せ』などと理想論を押しつけると、官僚たちがそもそも記録をつくらなくなってしまうというむずかしさがあります。このため、現場の意見をよく聞いて進めなければ実効性のあるルールにならないのです。

その意味で、省庁への意見照会の結果は委員会に報告されるべきものでした。仮に定義を見直す結果にならなくても、委員会での議論が現場での判断の参考になり、適切な対応をうながすことになるからです。

安倍首相や菅官房長官の面談記録がつくられていないことが問題化していますが、委員会で現場の意見にもとづく審議ができなかったことも一因といえるでしょう」

わたしたちは、改定ガイドラインが骨抜きにされている実態を2019年9月4日の朝刊で報じた。

内閣府　指摘放置し指針　省庁「記録作らぬ恐れ」

２０１７年12月の公文書ガイドライン改定で重要な打ち合わせの記録が義務づけられる直前、改定案を提示した内閣府に対し、作成すべき打ち合わせの定義があいまいなため職員が記録を作らない恐れがあると複数の省庁が指摘していた。ガイドラインは原案通り改定されており、内閣府が省庁の指摘を聞き入れなかったことが、首相官邸を筆頭に相次ぐ打ち合わせ記録未作成の原因の一つになっている可能性がある――

さらに、９月17日の朝刊に「続報」を出す。

「記録作らぬ恐れ」省庁指摘　内閣府、管理委に伝えず　「議論の火種隠し」

省庁に打ち合わせ記録の作成を義務づけた２０１７年12月の公文書ガイドライン改定直前、省庁から改定案があいまいなため職員が記録を作らない恐れがあるとの指摘が出ていたのに、所管の内閣府は改定案の審議を担う公文書管理委員会にその事実を伝えていなかった。当時の委員は「伝えられていれば議論になったのは間違いない」と話している――

# 終章　焚書

「打ち合わせ記録」には、もうひとつ、記録をつくりづらくしているハードルがある。

公文書管理のガイドラインには、記録をつくるときに、打ち合わせた相手にその発言内容を確認してもらうルールがある。つまり、相手に「あなたの発言をこのように記録します。まちがいありませんか」と確認することになっているのだ。この「確認ルール」が生まれたのも、加計学園問題の教訓からだった。

繰り返しになるが、この問題では国家戦略特区で学園の獣医学部を開設することは「総理のご意向」と書かれた文書が流出した。文部科学省の職員が内閣府幹部の発言を書きとめたものとされたが、政府は内容が不正確で事実ではないと結論づけた。「確認ルール」の目的は、こうした「不正確」な文書をなくすこととされている。

ルール上は、相手への確認は「できる限り」でよく、確認がむずかしい場合は記録にそのことを書き添えればいいとされている。とはいえ、こんなルールがあると、やはりつくりづらくなるのではないか。その答えは、わたしたちが情報公開請求で入手した内閣府公文書管理課の内部資料に書かれていた。ガイドライン改定案に対する省庁の意見が書かれていた前述のリストのことだ。省庁は「確認ルール」について、こう述べていた。

「国会議員らに予算案や法案のレクなどを行った場合、各省庁との打ち合わせを行った場合の手続きと同様に原則として議員に確認を行うのか」（法務省）

「実際に国会議員に対して発言内容の確認をすることは困難である」（同省）

「相手が国会議員の方である場合、確認を取ることができないのが通常である」（国税庁）

官僚たちは議員とひんぱんに打ち合わせをしている。首相や官房長官、大臣、与党幹部らが相手の場合、政策に影響を与えることも少なくない。ところが、省庁は、議員らと打ち合わせをしても、あとから発言を確認するのはむずかしいと訴えているのだ。

こうした省庁の質問や意見に対して、公文書管理課の回答は「相手側に確認を求めるか否かは各行政機関において判断いただきたい」などと、やはりそっけないものだった。

省庁はこんな懸念や要望も伝えていた。

「国会議員らが職員に対して記録作成を禁止した場合はどうしたらよいか。そうしたことがないよう要請することも考えているのか」（文科省）

「国会議員への確認について、各部局・各省庁で対応にばらつきがあった場合、無用な混乱をまねくおそれがあり、確認方法や確認の要否を含めて、全省庁で統一した対応をとるべき」（国土交通省）

まじめに確認した省庁が目をつけられてしまう。やりかたを統一してほしい。そうでなければ確認などできっこない。そういうことだろう。

だが、公文書管理課は、こうした懸念や要望も放置し、何の手も打たずにガイドラインを原案どおり改定してしまった。

つまり、打ち合わせ記録は、定義があいまいにされているだけでなく、作成のハードルとなる余計な作業までもり込まれてしまっているのだ。

こうしたカラクリを早くから見抜いていた人物がいる。元文科事務次官の前川喜平氏だ。２０１８年2月のわたしのインタビューにこう述べていた。

「政府は、公文書管理の見直しだと言って、論点をずらそうとしているのです。たとえば、『文科省は記録が〝ある〟、内閣府は〝ない〟と言って食いちがっている。おかしいじゃないですか。両者がすり合わせてつくれば、こんな矛盾《むじゅん》は起こらなくなる。さあ見直しましょう』と政府は言うのです。適正な管理のための見直しのように聞こえますが、すり合わせが必要となれば、省庁はこれまで以上に記録を公文書として残さなくなります」

前川氏は「そもそもです」と言って続けた。

「森友、加計、日報の問題は隠ぺいこそが本質なのに、論点が公文書の『管理』の見直しのほうにずらされている。国民の目をそらしているとしか考えられない。今の官邸は問題の核心に迫られないように、批判をかわせるように、論点をずらすのがとてもうまい。メディアはそこに乗っからないほうがいい」

前川氏の話は官僚が公文書を隠ぺいする背景に踏み込んでいった。

「理由はいろいろある。結局、いろんな力、働きかけを受けて政策がつくられていく。意思決定が行われていく。それこそ、どこそこの団体がこう言ってきたとか、それに対して大臣が『それならしょうがないね』と言ったとか、そういうやりとりが文書にされていることはありえる。そういうナマの行政プロセスを知られると困るわけです。そんな話はあちこちにありますから。

文科省の場合は、ナマの言葉がペーパーになっているのがけっこうあ

加計学園の問題について、記者会見にのぞむ文科省の前川喜平元事務次官

る。これを公開せよと言われたら、それが大臣や官僚の発言の記録なら、個人情報とは言えないから、公開対象になるはずなんです。ただ、そのまま公開しちゃうと不都合なプロセスが見えてしまう。だから、『ないことにしよう』となる。それは起こりえます。非常に起こりえる話です」

――政治家が行政プロセスに関与するケースはけっこうある？

「ありますよ。かなり不都合なものもあります。毎年、文化勲章と文化功労者というのが決まります。政治家を含めて『この人に出せ』『この人にしてくれ』という要望がうわっと来る。だれからどんな要望があったのか覚えておく必要があるから、省内で書類になって残っています。で、決まる直前に政治家らに『この人に決まりました』『この人は無理でした』と説明して歩くわけです。そういうプロセスも外から見えちゃうと困る。国民から『政治的な圧力で決まってるの？』と思われてしまいますから。実際の選考は中立性が高い。それは事実なんです。だから、政治家らには『すいません、できませんでした』と断ることが圧倒的に多いんだけど、かなり無理して通してもらうこともないことはない」

――政治介入はほかにも？

「あります。文科省だけでなくて、補助金を抱えている省庁にはたくさんあるはずです。いろんな政治家から『補助金をここにつけろ』『こっちを優先しろ』という要請が来る。つまり、口利きがあるんです。たとえば、文科省でも、教職員の定数でそういうことが起こりえます。教職員定数というのは基本的には均等に各都道府県に配分するのですが、地域の実情に応じて教員を加配する制度がある。その加配教員をたくさんほしいという県が政治家を使うことがある。

文科省は、その気になれば、鉛筆をなめて、こっちは10人、あっちは5人と人数を操作できる。県の規模や学校数、子どもの人数は同じぐらいなのに、政治家を使った県のほうが教員の数が毎年多くなる。だんだんその差が大きくなっていく。加配という制度には、政治の悪しき口利きが介在する余地があるのです。定数を増やすことはいいことなんです。だけど、公平に増やさないとね」

――そういう政治介入をしてくるのは、与党議員だけか。

「与野党問わずです。そりゃあ、与党のほうが影響力は強いですけど」

――こうした政治家の要望は記録に残すのか。

「文科省では文書にして一覧できるようになっていました。そうしないと、全体として判断できなくなるんです。どこの役所でも補助金に関する口利きは、政治家のリストをつくって、システマチックに対応していると思います。なぜかというと、発表する前に口を利いてきた政治家には『これはOKです』『これはできません』とちゃんと説明しておかなきゃいけない。多くの場合は公平にやるんだけど、結果だけは先に知らせるというスタンスでやるわけです。政治家はうまくいくと自分の手がらにするし、ダメでも『残念だけどこれは無理だった』と言ってあげることでメンツが保てる。これはもう政治家ならみんなやっていることですから」

――その口利きリストは省内でだれがどのように保管しているのか。

「担当の課長補佐とか係長あたりが保管しているでしょうね。それが省のサーバーのなかの共用ファイルなのか、自分のパソコンのなかなのか、それはわからないけども、どこかのファイルに入れている。ただ、どのファイルであろうと、公務のために使っているものであれば公文書になります」

――では、情報公開請求したら出てくる？

「出すわけがない。出すわけがないんです。もともと、こっそりやっている話ですから。そういうたぐいの情報は役所のなかに満ち満ちている。どこどこの議員先生になになにを頼んだという話は、ちまたにもあふれている。だから、それが時々表に出て問題になるのです」

——政治家から口利きがあった場合、国家公務員制度改革基本法で記録を残すルールになっている。

「そのルールは、知ってはいても、だれも励行《れいこう》していません。日常的にたくさんあるし、すべて記録に残しておくことなんてありえない。残していたとしても『ある』とは言わない。存在しているのに『ない』と言ったら偽証罪になるというような仕組みがあれば別です。そうした強制力がないと、官僚は『ある』とは言いません。口利きの記録を残すルールは空文化しています。はじめっから」

——そうした政治家の記録は、長期保存後に公開するルールにしたら公文書として残すだろうか。

「結論からいうと、無理だと思います。そういうものは秘密にして、ないことにする。墓場までもって行くわけです。組織にとってまずい、都合の悪いことは外に漏らさない。それはなにも霞が関だけの話じゃない。一般社会のあちこちにある。毎日新聞にもあるんじゃないですか。

それがひとつの組織人としての倫理観、道徳になっている。そのことに問題があると思う」

――組織にとって都合の悪い記録でも公開すべきだと?

「そう思います。そうすると、外に漏れると都合の悪いことをしなくなる。霞が関の場合なら、本来公正であるべき政策決定に外から力でゆがめようとする政治的な動きを封じることになる。役人にとっても仕事がしやすくなる。補助金を配るたびに口利きしたり、理不尽な圧力をかけたりする政治家が少なくなる。そういう効果があると思う。でも、いくらやっても、議員先生に口利きを依頼する国民がいる限り、根本的な解決にはならないかもしれませんけど」

――官僚に情報公開を徹底させるためにはどうしたらいいだろうか?

「公文書というのは、行政機関の側がもっているので、外からはどんな公文書があるのかもわからないわけです。請求する国民の側がどんな文書があるのかを知っていたら、それを出せと言えるけど、わからない状態で請求したら、役所の側が恣意《しい》的に出さないというのはありえるんです。つまり、存在しているのに『ありません』と言い張ることができちゃう。この点が本質的で、非常に大きな問題だと思います。

それを解消するには、強制力をもって調査できる機関が必要だと思います。そうした機関が

『記録があるのかないのか、ちゃんと言いなさい。偽証したら罪になりますよ』と迫らないと、役人は隠し通そうとする。実際、それが行われていると思います」

前川喜平・元文科事務次官

刑事罰でも科さなければ官僚は記録を隠し通す——官僚組織のトップに上りつめた前川氏が淡々と語った実態は、霞が関に染みついた隠ぺい体質がもはや自分たちではどうしようもないレベルに陥っていることを示している。

わたしは17年春、ある官僚OBから、前川氏が証言したような政官の癒着《ゆちゃく》と隠ぺい体質を象徴するエピソードを打ち明けられたことがある。その話を聞いたことが、「公文書クライシス」取材班を立ち上げるきっかけになった。

「霞が関には闇から闇に消える文書があるのです」

中央省庁が集中する霞が関周辺

ＯＢはこんなミステリアスな前置きをして語り出した。

「09年の夏のことです。衆院選挙があり、自民党から民主党への政権交代がありました。その直後でした。わが省の局長から各課の課長に指令が出されたのです。それは、過去の政治関係の文書はすべて廃棄しろというものでした。だれも口にしませんが、似たような指令はほかの局でも、ほかの省庁でもあったはずです。

自民党を中心とした政権が戦後ずっと続いてきたなかで、あやしげな政治関係文書が霞が関にはいっぱい残っていました。これらは普通に考えればまぎれもない公文書なのですが、われわれのなかではじめから公文書としてあつかうことが想定されていないものです。公文書に当たるのか、私的なメモに当たるのか、そういう判断すらしません。ある意味でおそろしい政治介入の証拠、違法な行為の証拠となるような記録だからです。指令は、そういうものを捨てろということだったのです」

第二次世界大戦末期の1945年8月、官僚たちは敗戦が決まると、占領軍の進駐をおそれて公文書を大量に焼き捨てた。09年の政権交代期に、今度は霞が関に民主党が乗り込んでくることをおそれた。

「そういうことです。終戦のときと同じようなことが平成の時代にもあったのです」

事実だとすればおそろしい話だ。裏づけるために省庁に取材をかけたいとOBに告げると、しゃべったことが霞が関にバレたら生きていけないとおびえ、口をつぐんでしまった。

わたしは終戦時の官庁の様子が気になった。当時のことが書かれた文献が国立国会図書館に残されていた。

終戦時、蔵相だった広瀬豊作氏（64年死去）の口述記録にはこうある。

内閣の中でやることも、ほとんど新聞に発表しないことが多く、記録に残らず、実行して闇から闇に葬られることも相当あったと思う。私もご承知のとおり終戦直後、資料は焼いてしまえという方針に従って焼きました。これはわれわれが閣議で決めたことですから
（略）

中国は満洲事変、支那事変で先方において恨みを抱いておることが相当あって、中国が来たら相当の仕返しをするだろうということを一番懸念していた。そういうことが一番の恐れであった。そういうわけで資料は全部焼くという大方針が決まったわけであるが、閣僚各自、自分の持っておるものを焼こう。軍の関係あるいは各省関係の書類についても同様の措置を採ろうというので、それぞれ所管大臣から命令を出して、できるだけ早く焼いてしまえと通達したわけですから、残ったものはあまりないであろうと思う。（大蔵省大臣官房調査企画課編『聞書戦時財政金融史〈昭和財政史史談会記録〉』大蔵財務協会）

この通達を受けたとみられる当時の内務省官房文書課の事務官はこう回想している。

内務省の文書を全部焼くようにという命令が出まして、後になってどういう人にどういう迷惑がかかるか分からないから、選択なしに全部燃やせということで、内務省の裏庭で、三日三晩、炎々と夜空を焦がして燃やしました。棒を持ってきて、よく焼けるように書類

の山を引っかき回したという記憶があります。（大霞会編『続内務省外史』地方財務協会）

戦争を主導したのは陸軍だった。阿南惟幾《あなみこれちか》陸相の秘書官は、市ケ谷にあった陸軍の終戦時の様子をこう書き残している。

八月十四日の御前会議で終戦の聖断が下された。陸軍中央部では聖断にしたがい、皇軍の最後を清《きよ》くする旨の大臣、総長の訓示があった。しかしながら、市カ谷台上には誠に慌《あわただ》しい空気が漂うた。同日夜、台上のあちこちでは終夜夥《おびただ》しい書類を手当り次第に焼いていた。有力な米軍上陸船団が東京湾外に既にきているとか、米軍が近く上陸してくるとかの噂が乱れ飛び、人心を極度にそわそわさせた。そして一種のパニックが起こり、大本営衛兵や陸軍省警備の憲兵からは多数の逃亡者が出た。ここに、はしなくも情況の激変に処《しょ》しては脆《もろ》いものを持っている日本陸軍の一面を曝露したのである。（林三郎『太平洋戦争陸戦概史』岩波新書）

敗戦が確実になると、閣僚たちが記録の廃棄を決め、官僚たちが次々と書類に火を放ち、日本の歴史を灰にしてしまった。それは、国民を守るためでも、政府が戦時中に国民に求めた

「お国のため」でもなかった。戦争を遂行した政権幹部や官僚たちの責任逃れ、保身のためだったとしか言いようがない。

あれから75年。その無責任な体質は何も変わっていないようにみえる。

象徴的なのは、この国のトップである首相の判断の検証に不可欠な記録が残されていないことだろう。官邸は記録をつくらず、省庁も官邸の意にそうようにできるだけ記録を残さないようにしている。実際はつくって残していても国民には絶対に見せない。

このことは、国民の運命を左右する事柄が、一部の権力者によって、外部から検証できない密室のなかで決められていることを意味している。

そして、首相官邸から省庁に深く根を下ろした隠ぺい体質は、もはや誰も手をつけることができなくなっている。

わたしはある官僚からこう言われたことがある。

「記者さん、わたしたちは政治家に人事を握られている。彼らにとって都合の悪い文書を出せると思いますか?」

官僚も人間だ。記録を出せば左遷《させん》され、家族につらい思いをさせるかもしれない。同僚にも迷惑をかける。そう思う一方で、公文書の隠ぺいは国民への裏切りであることも知っている。

だから苦しい。首相夫人がからむ森友疑惑では、どうすることもできず、自ら命を絶つ官僚まで出てしまった。

官僚たちは今日もどこかでこんな歌をうたっているだろう。

「記録はありません」

「適切に捨てました」

「何もお答えできません」

この国を民主主義の国と呼べる日は来るだろうか。

（了）

# あとがき

わたしが取材を始めたきっかけは、3年前の2017年3月、国会で開かれた森友学園の籠《かご》池泰典《いけやすのり》理事長の証人喚問を見たことだった。

「ここにわたしはもっておるんですが……」

籠池氏はそう言って、安倍首相の妻昭恵氏の秘書役だった政府職員から送られてきたというファクスの存在を暴露したのだった。

ファクスは昭恵夫人と学園の強いつながりを示すものだった。小学校を開設する国有地の費用負担に困った籠池氏が、名誉校長に就任していた昭恵夫人を頼り、負担の軽減策を所管の財務省に問い合わせてもらった。ファクスには、一般人ならそう簡単に会えない財務省国有財産審理室長から得たという回答が書かれていた。

わざわざ首相夫人を通じて問い合わせたのは、その威光を使って財務省から有利な条件を引き出そうとしたからだろう。この口利きともいえる行為が、その後の国有地の格安売却につながった可能性すらあった。

これに対し、政権側は秘書役の職員による問い合わせは首相夫人の影響力を使った働きかけや圧力ではないと否定した。あくまでも職員の個人的な行為で公務として行ったことではないと強調し、ファクスについても、公文書ではなく職員の「私的な文書」と結論づけた。公文書ではなく、私的な文書――つまり、この〝口利きの証拠〟は籠池氏が明らかにしなければ永遠に表に出なかったということだ。

わたしは「またか」と思った。官僚がつくった文書なのに「私的な文書」とされて公開されないケースは少なくない。わたしにも経験がある。ある政府高官と企業の癒着を取材していたときのことだ。

高官を問い詰めると「わたしのスケジュールは秘書を通じてすべて官房長官に報告してある。そのスケジュール表を見てもらえば問題のないことがわかる」と言った。それならばと、そのスケジュール表を情報公開請求した。しばらくして「私的な文書」のため開示しないという知らせが届いた。

公文書管理法や情報公開法では、公務員が仕事でつくって、上司や同僚らに見せ、職場で保存している文書は公文書になる。官僚が公務でつくった文書のほとんどは当てはまるはずだ。それなのに、スキャンダルがらみの文書がいつも「私的な文書」にされ、開示対象から外される。どう考えてもおかしい。

いったい、霞が関の公文書管理はどうなっているのか。わたしは、籠池氏が暴露したファクスを見ながら、ベールに包まれているその実態を知りたいと思った。

手はじめに官僚OBへの取材を始めた。そのなかで聞きつけたのが、前述した「霞が関には闇から闇に消える文書がある」というミステリアスな話だった。その実態を解明しようと、同僚と取材班を立ち上げ、本格的な取材をスタートさせたのだった。

それから2年半におよぶ取材で見えたのは、想像を超える隠ぺい体質だった。わたしたちの取材に、20人近い現役官僚が重い口を開いた。彼らが明かした公文書を隠す手口は大胆かつ巧妙だ。

表に出せない公文書を開示請求されると、「私的な文書」にすり替える。保存期間を1年未満にして請求される前に捨てる。請求時点に存在していても捨てたことにする。電子メールで重要なやりとりをし、それが残っているのに「メールは電話で話すのと同じだ」という理屈で公文書にしない。ウェブで公開される公文書ファイルの名称をわざとぼかして国民に中身を知られないようにもしていた。

極めつきは、首相と省庁幹部の面談記録をほとんどつくっていないことだろう。最も重要であるはずの公文書がつくられていない理由は、首相の発言を記録することが事実上禁じられているからだった。

安倍首相は、自衛隊日報、森友・加計学園をめぐる一連の問題の反省から、公文書管理の質を高める取り組みを行ったと公言している。だが、その後も公文書をめぐる問題が次から次へと出てくる状況をみれば、それが形ばかりの取り組みだったことがよくわかる。

※

まず、「桜を見る会」の問題だ。各界の功労者をまねいて慰労する国の公式行事なのに、安倍首相の後援者が大量にまねかれていた疑惑だ。しかし、政府は安倍首相からの推薦者の名前が書かれた名簿を会のあとすぐに捨てたと言い張り、真相解明をはばんでいる。

安倍首相や菅官房長官に近いとされる東京高検の黒川弘務検事長の定年延長問題もそうだ。検察庁法は検察官の定年延長を認めていない。にもかかわらず、検察官を対象外としてきた国家公務員法の定年延長規定の解釈を変えてまで黒川氏の定年を延長した。検察トップの検事総長昇進への道をひらく前代未聞の〝優遇〟人事といわれている。これでは政権に不正があっても捜査のメスなど入れられるはずがない。

しかも、法務大臣は口頭で決裁したとして法解釈の変更にかかわる重要な記録を残していなかった。つまり、三権分立や司法の独立を脅かすような決定のプロセスが、外部から検証できなくされているのだ。


日本中が恐怖に包まれた新型コロナウイルスへの政府の対応をめぐっても、公文書の問題が浮上した。

政府は、ウイルス感染拡大の防止のために、国民生活に大きな影響をおよぼすイベントの自粛や、全国の小中学校、高校の一斉休校、外出自粛を要請した。急速に悪化する経済を支えるため巨額の財政出動も決めた。

政府は、コロナウイルスの感染拡大を「歴史的緊急事態」に指定し、こうした対策の決定がなされる会議の議事録を作成するとしている。しかし、議事録をつくる対策本部の会合は、首相と全閣僚が出席するものの、官僚の用意したペーパーを読みあげ、最終的に決まったことを表明するだけの場となっている。実際の意思決定はこの会合の前に首相と一部の幹部が集まる連絡会議で行われているが、安倍首相は「報告や議論を行う場だ」として議事録はつくらないとしている。

結論にいたるまでの実質的な議論が記録されなければ、将来、同じような事案が起きたときに役立つ教訓など残らない。なにより、国民の運命を左右する重要な対策が、検証不能な密室のなかで無責任に決められてしまう。

※

公文書の役割は大きく言って二つある。

ひとつは、将来の国民に教訓を伝え、国家の歴史を残すことだ。もうひとつは、国民が自らの手で権力の乱用や私物化をチェックできるようにすることだ。だからこそ、公文書管理法は第1条で「公文書は健全な民主主義の根幹を支える国民共有の知的資源として、主権者である国民が主体的に利用しうるもの」と定めている。つまり、公文書は民主主義制度にとって欠かせないもので、国民のためにあるということだ。しかし、政府で働く人々にこうした意識があるようにはみえない。

官僚たちの話を聞いていると、霞が関には魔物でもいるのではないかと思えることがある。官僚たちは隠さなくてはならない記録がどういうものなのかを「常識」としてわかっている。

そうした記録を隠す手段も「作法」として知っている。先輩や上司に教えられるわけでもない。霞が関にいれば自然と身につくものだという。そんな文化が巨大な官僚組織の全体を覆い、官僚たちはまるでロボットのように隠ぺいに手を染めてしまう。そして民主主義を壊していく。そのさまは不気味で、魔物にとりつかれているとしか言いようがない。

「公文書クライシス」の報道は18年1月にスタートし、これまでに70本以上の記事を掲載している。ただ、わたしたちの報道だけでは霞が関に深く根を張る隠ぺい体質を根絶することなどとてもできない。できたことといえば、隠ぺい体質の実態のほんの一部を浮かびあがらせたぐらいだろう。それでも、わたしたちは今なお取材を続けている。公文書の危機は民主主義の危機そのものだと思うからだ。

本書では、取材班の立ち上げメンバーであるわたし個人の視点からこれまでの報道をふり返らせてもらった。

取材班は17年夏、磯崎由美・東京社会部長（当時）のもとで、青島顕、日下部聡の両記者とともに発足し、木戸哲（現東京社会部長）がデスクを担当した。内橋寿明、片平知宏（現ＮｅｗｓＰｉｃｋｓ編集部記者）、後藤豪、松本惇の各記者らがメンバーとして加わり、取材のテーマごとに、わたしのパートナーを務めてくれた。
また、本書は毎日新聞出版の八木志朗氏の尽力により実現した。関係者に感謝しつつ、筆をおく。

２０２０年５月

「公文書クライシス」取材班代表　大場弘行

《写真撮影》

毎日新聞社
青島顕（p.217）、大場弘行（p.47, 68, 69, 81, 85, 117, 165, 172, 177, 244）、大西岳彦（p.161）、川田雅浩（p.16, 41, 150, 191）、喜屋武真之介（p.14）、日下部聡（p.56）、佐々木順一（p.79）、竹内紀臣（p.28, 107）、手塚耕一郎（p.231）、内藤絵美（p.237）、藤井太郎（p.53）、丸山博（p.61）、松本惇（p.83, 139）、宮武祐希（p.44, 62, 70, 72, 73, 238）、宮間俊樹（p.204, 207, 208, 209）、山下浩一（p.89, 91, 92, 97）、和田大典（p.143）

ゲッティ／共同通信イメージズ（p.55）

装丁・本文デザイン＝宮川和夫事務所
組版　＝キャップス
カバー写真＝ iStock(leolintang/Mike_Kiev/kanzilyou)

《著者紹介》

**毎日新聞取材班**

毎日新聞社会部・大場弘行記者を中心に、日本の公文書管理について取材を行う。

**大場弘行**（おおば・ひろゆき）

１９７５年生まれ。２００１年、毎日新聞社入社。大阪社会部府警担当、東京社会部検察庁担当、週刊誌「サンデー毎日」編集部、特別報道部などを経て、現在東京社会部記者。２０１７年に「公文書クライシス」取材班を発足、中心的な役割を果たす。本書の元となった連載「公文書クライシス」は２０１９年、優れたジャーナリズム活動に贈られる第19回「石橋湛山記念早稲田ジャーナリズム大賞」（公共奉仕部門）大賞受賞。

**公文書危機《こうぶんしょきき》　闇《やみ》に葬《ほうむ》られた記録《きろく》**

第 1 刷　2020 年 6 月 10 日
第 3 刷　2020 年 7 月 10 日

著　者　毎日新聞取材班《まいにちしんぶんしゅざいはん》
発行人　小島明日奈
発行所　毎日新聞出版
〒 102-0074　東京都千代田区九段南 1-6-17　千代田会館 5 階
営業本部：03（6265）6941
図書第二編集部：03（6265）6746

印刷・製本　光邦


ISBN978-4-620-32632-0